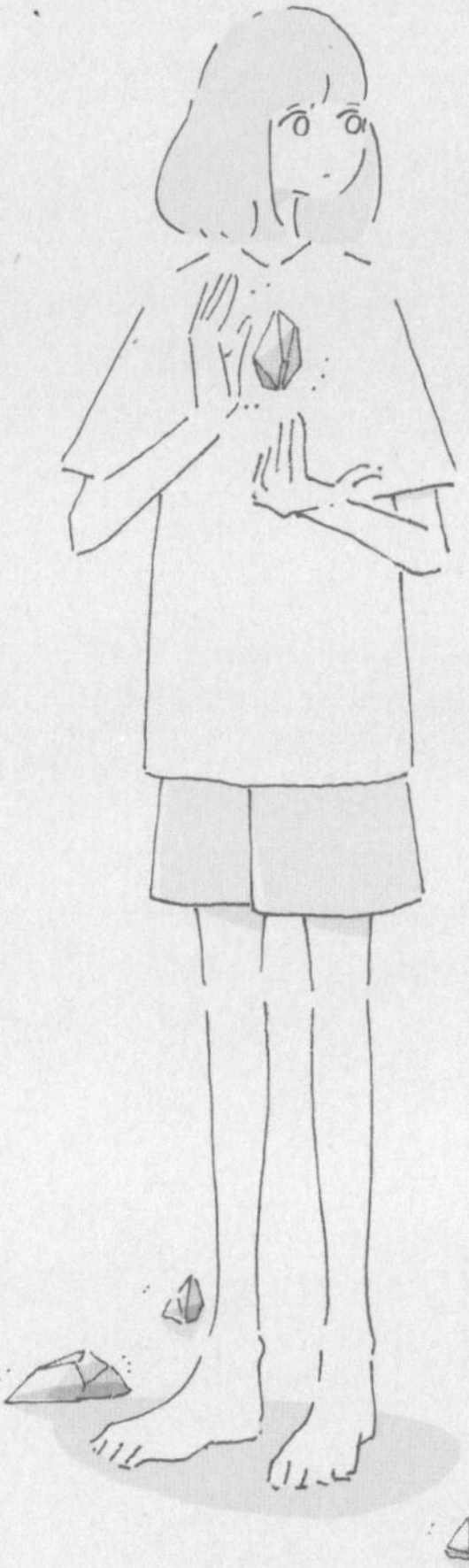

その生きづらさ、「かくれ繊細さん」かもしれません

HSS型HSP専門
心理カウンセラー
時田ひさ子

フォレスト出版

はじめに

最近、繊細さん（HSP、ハイリー・センシティブ・パーソン）という言葉をよく聞きますが、自分に当てはまりそうだけど、やっぱり違うかも、そこまで繊細じゃないかも……なんて思っている人はいませんか？

そんなあなたは「かくれ繊細さん」である可能性が高いです。

大胆なのに繊細。

元気なのに傷つきやすい。

外向的でテンションは高いのに、ちょっとした発言でクヨクヨ一人反省会。

一人になるとどっと疲れて表情がなくなる。

自虐ネタで笑いをとりにいくも、いじられすぎると傷つく。

ＢＢＱや親睦会、女子会は企画するのに、日程が近づいてくるとプレッシャーに押しつぶされそうになる。

アイディアマンでのめり込んだらやめられない。なのに、目標達成まであと一歩のところでやめてしまう。完璧主義なのにこれといった極めたものがない。

一回やったことは、もうやりたくないのに、未知のものへの警戒心はめちゃくちゃ強い。

いくつか同時進行してしまうので、やりかけのままとっちらかる。

こんな表裏一体の特徴を持っているあなただったらきっと、世間話で結論のない話に付き合うのが苦手で早く帰りたいと思っているのに、楽しんでいないと見破られないように頑張って合わせたりして、一人になると「はぁぁ」と大きなため息をつきたくなる（実際は誰かに見られているところではため息つかないように気を付けると思いますが）のではないでしょうか？

どうですか？

そんな特徴が当てはまるのだとしたら、あなたは「かくれ繊細さん」かもしれません。

ロンドンブーツ1号2号の淳さん、ビジネス書でベストセラーを連発した女性作家さん、日本人なら誰でも知っている超大物芸人さん、明るいキャラで人気者の女性タレントさん……。

最近、ＨＳＰや繊細さんという言葉がテレビ番組でも特集されるようになって「自分もそうかも」と思い当たるという方たちが増えていますが、先に挙げたような彼らが繊細さんだなんて違和感ですよね？

だって、繊細さんってネガティブでこもりがちな印象なのに、あんなにキラキラした人たちが繊細さんなの？　って。でも、あんなに外向的に見える方でも、繊細さんなんです。

最近の芸能界でいえば、生きづらさを抱えてどうしようもなくなってしまったのかなぁと思う出来事も続けて起こりました。あくまでも憶測ではありますが、思いつめてしまったり、葛藤が深かったりするのは一般のかくれ繊細さんと同じなのに、光が当たる世界にいるだけに「本当の自分」とのギャップも大きくて、その扱い方に困ってしまいやすいのでは、と見ています。

かつて芸能界に関わっていた方から聞いたのですが、芸能人の方は、人と違う部分を売りにすることで個性が出るわけですが、一方で、普通の人たちと同じように「常識」「モラル」を守りたいと思ってしまうのがかくれ繊細さんの繊細で奥ゆかしいところでもあります。

それゆえに、両者のバランスが取れなくなるということも、ありそうです。

また、光の当たる場所だからこそ、なにを言っても「贅沢な悩み」と打ち消されやすいのかもしれません。

私は、「かくれ繊細さん」限定で、その生きづらさを克服するための研究をしています。自身も「かくれ繊細さん」です。アメリカから日本にこの概念が入ってきたのが2003年。心理学者のエレイン・アーロン博士が、自身の特性を研究して発見した概念で、日本では2019年頃から「繊細さん」と認識され広がり始めました。今では、SNSでも繊細さんのグループができて交流が行われていますし、繊細さん専門のカウンセリングや占い、整体をちらほら見かけるほどに広がってきました。

その中でも、ただ繊細なだけではなく、「かくれ繊細さん」と呼ばれる人たちが存在しています。この人たちは、アーロン先生によると「繊細さん」全体の三割に該当し、全人口の六%程度存在していると言われています。

この六%については、まだきちんと定義が固まっていないようなのですが、HSS型HSP、あるいは、HSEと呼ばれたりしています。

繊細で傷つきやすく、共感能力の高いHSPという特性と、好奇心旺盛で新しい情報や刺激を求めて飽きやすいHSS（High Sensation Seeking、ハイ・センセーション・シーキング、新規刺激追求性）という特性の両方を持ち合わせているという意味です。

ＨＳＥとは、「外向的（Extrovert）な特性を持ち合わせている繊細さん」という意味です。

最初は、ＨＳＳ型ＨＳＰという呼び方をされていたのですが、まだ歴史が浅いものですから、ＨＳＰという特性自体を内向的（introvert）であることと混同した研究が出てきたため、２０１９年頃から、外向的なＨＳＰであることを強調するためにＨＳＥという呼び方をする流れが出てきました。

このあたりの分類は現在進行中で、まだ決着がついておらず、すっきりと決着するには少し時間がかかりそうですが、いずれにしてもこうした特性を持つ人たち（ＨＳＳ型ＨＳＰ、あるいはＨＳＥ）は、一見明るくて、外向的で人好きがする方が多いものの、内面は非常に悩み深く、悩んでいることさえ悟られないようにしていることが稀ではありません。悩みなんてないよ、という顔をしているのに、いったん理解者が現れると隠し持っていた悩みや疑問が、雪崩のようにどどっと流れ出てくるようなことがとても多いのが、かくれ繊細さんを対象としたカウンセリングセッションでは普通です。

それはそうです。

「かくれ繊細さん」（ＨＳＳ型ＨＳＰ、ＨＳＥ）は、人口比率も低くマイノリティであるうえに、複雑で両極端な特性を個体に同時に持っているため、ご自身でさえ自分のことを理解することが難しい。それに、身近に同じタイプのモデルとなる人物がいないため、人と比べて自分はメンドクサイとか、複雑で理解しがたいと感じて、自分にダメ出しをしやすい境遇に仕方なく身を置いて生活していらっしゃいます。この特性を肯定的に受け止めつつ生かしている人を参考にすることができないうえ、この特性ゆえの悩みを人に話しても共感してもらえる確率は非常に低い。そのため、自分の悩みを外に出すことにさえ躊躇してしまうということがわかっています。結果、自分の悩みは話さなくなり、さらには自分でさえ「この悩み自体が間違いだから」と悩みの存在もろとも否定してしまう、などと、めちゃくちゃ複雑に巧妙に隠蔽《いんぺい》してしまうのです。

もしあなたが、このような特徴に思い当たるのであれば、この本はあなたについて解明するために役に立つと思います。かくれ繊細さんは、ご自身の扱いづらさゆえにさまざまな特徴について調べて当てはめようとしてこられてきたことが多く、だいたいの場合、「発達障がい」や「うつ病」「躁うつ病」「アダルトチルドレン」などのチェック項目を確認されてみています。でも、当てはまるところはあるものの、ドンピシャではなく、「グレー」なままだったのでは。また、「繊細さん」に関しても、当てはまるとは思いつつも、人付き合いが好きだったり、あれこれ好奇心があって試してみる行動力がある、どちらかというと外向的な面が強いと感じている、など、一部該当しないと感じられたかもしれません。

そんなご自身を、「おかしい人」「変な人」「ズレた人」なのではなく、ただ「かくれ繊細さん」だったのだと気づくことができたなら。

あなたがこれまでにしてきた「自分を変えるための努力」を、「生きやすくなるための努力」を、正しい方向に差し向けるきっかけになるかもしれません。

自分のことを信用したい。
もっと肩の力を抜いて楽しく暮らしたい。
その権利がかくれ繊細さんにもあるはずだと思いませんか？

かくれ繊細さんは、その能力をもともとお持ちです。

でも、周囲にその思いが「通じない」「わかってもらえない」ばかりに、自分がダメなんだとがっかりし、自分から能力を引っ込めてしまっています。

それはかくれ繊細さんの先読みする予測の力、想像するイメージの力が並外れているためで、「だって、わかってもらえないでしょう?」と予測し、先に否定してしまう。それが「石橋をたたいてもわたらない人」だとか「やる気がない人」だとか、あるいは「熱意が空回りしている人」という評価になってしまっている。

実にもったいない話です。

あなたがあなたのことをよく知り、ご自身への理解が深まれば、あなた自身が自分を信頼してシンプルに生きることができるかもしれません。

正しく生きやすくなるための努力をしたら、生きやすくなります。

かくれ繊細さんがご自身の特性を正しく知り、意味のある努力をしていただきたくてこれまでのカウンセリングからわかっていることを詳《つまび》らかにお伝えしようと思います。

それでは一緒に、かくれ繊細さんの中身を紐解いてみることにしましょう。

「私は繊細さん（HSP）ですか？」

自分が繊細さんであるかどうかを知りたい、というご質問をいただくことがあります。

繊細さんの特徴のいくつかがご自身に当てはまる。だから自分も繊細さんではないか？　そう疑問に思われるのだと思います。

現時点では、脳や遺伝子を検査して、確実に繊細さんやかくれ繊細さんを診断できる方法はありません。心理学者の研究から、後述する四つの要件（DOES、34ページ）をすべて満たす場合は繊細さんであると言えると思う、としか言いようがないのが現状です。今後、HSPあぶりだし検査ができれば客観的な判断をすることはできるようになるかもしれません。ですが、現時点で言えるのは、繊細さん、かくれ繊細さんは、「物事への内的な反応のしかたが、繊細さんと非繊細さんでは異なる」ということです。

たとえば、公共の場所（電車の車内など）で誰かがモラルの低い行動をとったとします。総じて繊細さん、かくれ繊細さんの反応は複雑です。まず、そのアンモラルな人に注目し、目が離せなくなります。そしてその人を心の中で糾弾し、糾弾した自分を「人として間違っている」と否定し、「でもあの人の態度はやはり目に余る」とまた注目をし、「なんとかモラルがないとわからせる方法はないだろうか」と考えあぐね、見ず知らずの人にそこまでイライラしている自分はやっぱりおかしいんだろうか、と疑問に思う……といったように上に上に折り重なるように感情、思い、記憶がつながり、考え続けて疲れてしまいます。

えー、そんなに面倒なこと考えるかなぁ……と思われた方は、繊細さんではないのかもしれませんね。

「繊細さん」と「かくれ繊細さん」の違い

繊細さん、かくれ繊細さんのどちらにも共通する特徴は、

・いったん立ち止まって確認する
・何度も考える
・深くて複雑な内面世界を持っている
・とても内省的である
・誰かと深くつながることで活力を得る
・刺激を消化するために誰にも見られない一人の時間が必要である
・一人になって過剰な刺激から回復するのに時間を必要とする
・少数の親しい、誠実な、本物の友情だけでも満たされる
・優しく穏やかである
・共感力がある
・創造的である
・先見性、予測力がある
・熱心で洞察力が鋭い
・深い意味を感じさせる関係に関心を持つ
・意義深い人生の探求をする

・好きなことをしているときの集中力がすさまじい
・仕事に情熱を持つ傾向がある
・物事の理由、因果関係に関心を持つ
・精神的なプラスを、現金収入よりも大事に感じる傾向が強い
・一対多で話すのが苦手である

といったことが挙げられます。

では、かくれ繊細さんだけにある特徴はなにかというと、「周囲にどう見られるかを強く意識する」ことと、「外部の刺激をほしがる」ことです。

・周囲の目を強く気にする（自分の外見にも気を遣う人が多い）
・話すスピードが早い
・言ったそばから忘れてしまう
・外部からの情報を必要とする欲求度が高い

・内向きの活動をしすぎると、活力が失われ、イライラし始め、やる気がなくなるといった抑うつ傾向が強くなる
・他者とコミュニケーションしたいと望む
・友好的、社交的で、表情が豊かでオープンである
・人がしていないことをしたがる
・飽きっぽいところがある
・思いが通じ合う人たちと、自分のアイデアを共有したがる
・現状を改良したがる
・仕事以外のところ（たとえば人間関係）で違和感を感じて、仕事そのものに嫌気がさす
・人と共感しあい協力的であるとき、最大の力を発揮する
・誤解されている、疎外されている、あるいは否定されていると感じるとき、猜疑心や違和感が生まれてうまく自分を機能させられなくなる
・SNSが苦手、ただし信頼できる人たちに対するシェアは躊躇しない

行動的なかくれ繊細さんもいますし、研究することに好奇心が旺盛なかくれ繊細さんもいます。あなたは、どんなかくれ繊細さんでしょうか？

この本は、かくれ繊細さんと呼ばれるＨＳＳ型ＨＳＰのことに特化して書いております。繊細さんかもしれないけど、少し違うなぁと思っている方や、そばにいるかくれ繊細さんにどう対応すればよいのかわからない、という方のお役に立てることでしょう。

ＨＳＳ型ＨＳＰ専門心理カウンセラー　時田ひさ子

Contents

第2章 「かくれ繊細さん」が秘めている才能

第3章 「かくれ繊細さん」が自己肯定感を高め、幸せになる方法

第4章 「かくれ繊細さん」と仕事とお金

第5章 「かくれ繊細さん」と人間関係

第6章 史上最高の幸せを手にした「かくれ繊細さん」たち

第1章

その生きづらさ、「かくれ繊細さん」かもしれません

1 どれだけ調べても生きづらさの理由がわからなかった訳

あなたは生きづらいと思っていますか？

あなたの生きづらさの理由がわかっているでしょうか？

あなたの生きづらさの理由は、もしかしたら本当のあなたの感じ方や考え方を周囲から理解されず、仕方なく自分らしい「ふり」をし続けているからかもしれません。

この章では、なぜ、周囲の人たちから理解されないのか、あなたがどうして自分らしいふりをしなければならないのか、についてお伝えします。


もしかしたら、あなたは「かくれ繊細さん」だから生きづらいのかもしれません。

なぜ周囲から理解されないのだろう？

「考えすぎだよ」「もっと気楽でいいと思うよ」「気にしすぎじゃない？」

そんなふうに言われたことがあるかくれ繊細さんは多いと思います。

いや、もしかしたら、かくれ繊細さんだったら全員がこの言葉を言われたことがあるのではないでしょうか。

この「考えすぎ」「気にしすぎ」。これは、かくれ繊細さんにとって、自分が言ったことを理解してもらえていないというメッセージです。

これを受け取ると、かくれ繊細さんは、「この人に言ってもなにもわかってもらえない」と心の扉を閉じてしまいます。

「この人にもわかってもらえない」。そんなふうに思ったことがあるのではないでしょうか？

この章では、かくれ繊細さんが、なぜ周囲から理解されないのかについてお話ししてみようと思います。

あなたは、これまでも「自分は人となにか違うんじゃないか」と思って、たくさんの本を読んだりネットを検索したことと思います。自分が、周囲の人たちとはなにかが違う気がしたときに。私も、自分が「世の中の常識をまったく根底から理解していないならず者なのかもしれない」とか、「世間のことをなにも知らない愚か者なのかもしれない」「世間が私を世間知らず、未熟者、迷惑な人とあざ笑っているかもしれない」と怖くなったときに、必死に自分と同じようなことで悩んでいる人がいないかしら、と探しました。あなたももしかしたら、病院に行ったり、カウンセリングや占い、心理学の講座に行ったり、霊能力者にみてもらったことがあるかもしれません。

でも、なにかが違うということ以外は、よくわからなかったのではないでしょうか。

だって、友達が多い方ではないかもしれないけれども、それなりに仲良くしている人もいるし、人に嫌われるようなことはしていない。たぶん。

常識的な範囲で行動しているし、周りから浮かないように心がけてもきているはずです。表面的にはいい人で、親切で、ほかの人となにも変わらないように見えていると思う。

それなのに、なんだか自分だけちょっと違う気がするのはなぜなんだろう？

この疑問は、幼少期からある方もいますし、大人になってから、あるいは結婚してからそう思うようになったという方もいらっしゃって千差万別ですが、お話をうかがってきたかくれ繊細さんたちが百％共通で持っていらっしゃった疑問です。

これまで、あなたがどうして人から理解されないのか？　が、はっきりとはわからなかったと思います。なぜなら、このタイプの人たちは、**これまでまったくどこにも分類されない、知られていない分類の人だから**です。

それが、「かくれ繊細さん」、いわゆるHSS型HSPです。

かくれ繊細さんは、一般の人たち（非繊細さん）と比べると、特別に複雑な思考回路を持っている変わった人なのです。この分類についてはこれまでほとんど知られていなかったために、あなたもご自身のことを理解することができませんでした。

かくれ繊細さんは、二つの特性を生まれながらに併せ持っています。

一つ目は、常に外部の情報を取り込んで、その情報を脳内で突き合わせて検討、選択する機能を持ち合わせており、感受性が豊かで繊細で傷つきやすく、他人に自然と共感してしまう特性を持つＨＳＰの特性。

もう一つは、まだ研究段階ではありますが、外向的（extrovert）で新しい情報や刺激を求めてしまう特性（High Sensation Seeking、ハイ・センセーション・シーキング）です。

かくれ繊細さんは、**この相反する二つの特性を同時に一つの体の中に持っている人たち**です。

かくれ繊細さんであるあなたが、これまでに疑ってきたカテゴリーで代表的なものがいくつかあると思います。「発達障がい（アスペルガー症候群）」「アダルトチルドレン」「うつ病」「躁うつ病」「パーソナリティ障害」などです。

これらのカテゴリーが浮上する度に、あなたは、「自分はこれに該当するのではないか」と自分の行動や思考の特性と照らし合わせてきたのではないでしょうか。そして、重なる部分を見つけては「やっぱりそうかもしれない」とうなずき、「ようやく自分の起源を突き止めた」「これでこの謎の悩みから解放されるかもしれない」と期待したと思います。ところが、これらの症状を読み進めると、明らかに違う部分が出てきます。

たとえば、発達障害（アスペルガー症候群）であれば、「他人への共感力が低いところ」や「社会性が低いところ」は、自分に該当しないと感じたと思います。アダルトチルドレンで言えば、「親を許す」というワークに、今一つピンと来なかったかもしれません。うつ病かというと、それもズレが出ます。ずっと憂うつなわけではなく、十分休んだり、うれしい出来事が起これば元気が出てやる気になったりする点は、うつ病の症状としては違和感を覚えるところだと思います。かくれ繊細さんは、疲れたときは気力も出ず、なにもやる気にもならず、しゃべりたくもないのですが、少しの時間でも一人で周りを気にせず休むことができればまた元通りに活動できるのですから。

ならば躁うつ病か？　と思われるかと思いますが、日常生活に支障が出るほどのアップダウンとも言い切れないので、「じゃあ自分はいったいなんなんだ？」と途方にくれてきたことと思います。

そのような自分にぴったりの特性が見当たらなかったうえに、悩みや考えを誰かに話してみたところで、「もっと気軽に生きたら？」「考えすぎだ」などと言われて理解されなかった人たちです。

さらに、かくれ繊細さんが周囲の人たちに理解されないもう一つの理由には、人口比率があります。かくれ繊細さんは人口の六％と言われています。少ないです。でも、百人いたら六人ですし、血液型で言ったらAB型は九％程度なのでまったく出会えないほど少なくはないと思います。

ところがなかなか遭遇しなかったのではないでしょうか。それには、かくれ繊細さんのご自身の本音が隠されていて、ご自身にも見えていないことが影響しています。

たとえば、こんな場合、あなたはどこまで人に本当の自分をさらけ出すでしょうか？

かくれ繊細さんは、繊細でありつつ、好奇心旺盛で外に新たな情報をほしがります。積極的に外に出ていき、意気揚々と活動していても、外部からの刺激（誰かの些細な発言など）によって簡単に心が折れて意気消沈してしまいます。ところが、意気消沈していることを人には見られたくないため、頑張って活動を継続しますが、本人は疲れとショックでやめたくなっています。無理やりやっている活動が辛くなりますが、周囲の人の手前、簡単にやめると言えず、**自分の中で板挟み**になる。こんな状況、あなたは思い当たりませんか？

このとき、周囲の人から見たらかくれ繊細さんは、活発で好奇心旺盛で探求心旺盛な人ですが、あなた自身の**心は折れており、かつ、そのことを見られたくありません。**本音を見せないようにして、周囲の人が望むようなあなたを**演じ続けてしまいます。**

だとしたら、**周囲の人たちはあなたが繊細で傷つきやすい人だということがわからない**ままですし、同じタイプの人からも、傷ついているあなたを見抜いてもらうことは難しいでしょう。表面的に元気でおもしろい人を演じ続けるタイプが、六％存在していても、実際にこの複雑な感覚を同士で共有することは難しいようなのです。

この内面と外面を違って見せていることが、あなたが周囲から理解されない理由です。

ならば、内面と外面を変えず、すべてさらけ出したらよいのでは？

理解してもらいやすくなるのでは？

そう、思われるかもしれませんが、かくれ繊細さんの内面をすべてさらけ出すことはできないという厳しい現実があります。なぜなら、この特性を持つ人たちの感受性の幅が、非繊細さんの感受性の幅と違い、広いから、なのです。感受性の幅が違うとはどういうことなのかについて、ここからお伝えしてみたいと思います。

2 かくれ繊細さんが生まれながらに持つ「はみ出した感受性」

この特性を持つ人たちが、本心を全部さらけ出すことができない理由は、かくれ繊細さんが生まれながらに持つ感受性の幅が一般の人たちと異なるためです。かくれ繊細さんの感受性の幅、感じ取る幅は、一般の人に比べてかなり広いと思われます。

かくれ繊細さんが日常生活でふと気がつくことに、周囲の人は気がついていないという経験をされることはありませんか？

人が言った些細なひと言の裏を読み取ったり、視線の向け方や態度の変化にいち早く気がついたり、人の表情の小さな変化から心の動きを察知したり、空気の匂いや場の雰囲気、かすかな音からさまざまな情報を得ることができるのが、かくれ繊細さんの特技です。

ご相談者の中には、介護や医療、学校の先生、ヨガの先生、カウンセラーなど、人の様子を観察してサポートする仕事に就いている方たちもいらっしゃいますが、そうした仕事は、周囲の人が気づかないことにまで気づく特性を活かしやすい職業だと思います。まっ

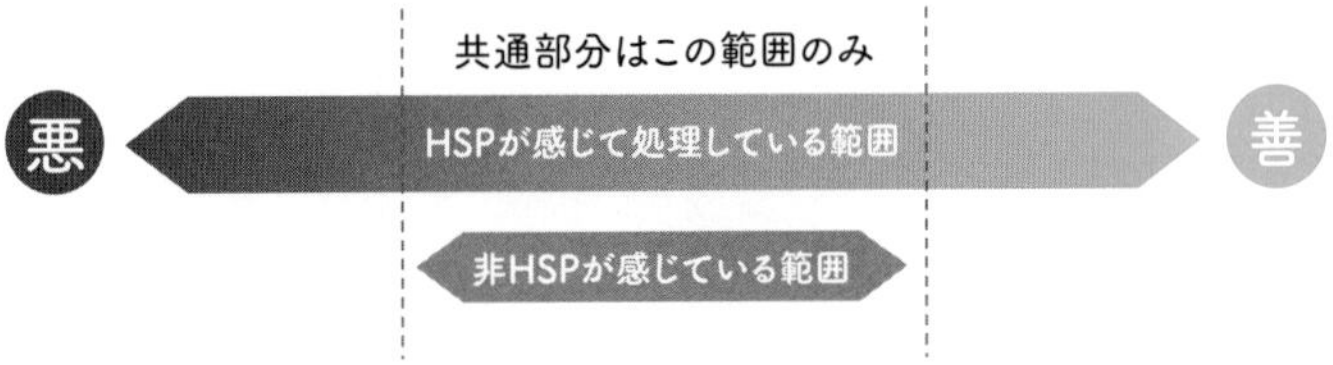

たく違う分野ですが、芸人さんがご本人そっくりに物まねをしているのを見るたびに、人の特徴を読みとって自分にインストールする感受性の幅の広さが役立っているんだろうな、と想像しています。

このはみ出した感受性は、ＨＳＰの四つの必須特性のどこに該当するのでしょうか？

１９９１年よりＨＳＰについて研究されているエレイン・アーロン博士がまとめた繊細さん（ＨＳＰ）が持つ四つの特性がこちらです。

1　Depth of processing：考え方が複雑で、深く考えてから行動する
2　Overstimulation：刺激に敏感で疲れやすい
3　Empathy and emotional responsiveness：人の気持ちに振り回されやすく、共感しやすい
4　Sensitivity to subtleties：些細なことにも気づく

アーロン博士は「四つのうち、一つでも当てはまらない人はＨＳＰではない」と

定義しています。四つのうち、三つに当てはまっていたとしても、一つはあまり当てはまらないと思うのなら、あなたは「HSP＝人一倍繊細な人」ではなく、単に性格的に内向的な人である、ということです。

この四つの特性すべてにおいて、繊細さんは、非繊細さんよりも幅が広いと言えます。

すべての感情が深くて濃いのです。

悲しみも、悔しさも、後悔も、嫉妬も、恥ずかしさも、恐怖も、そして喜びや悦び、愛もすべてが強く、深く、濃いと言えます。

そしてかくれ繊細さんは、強く、深く、濃く感じ取ったうえに、普通よりもかなり複雑に考え込みます。

深く考えてから判断して行動しますので、一般よりもかなり小さな刺激にも敏感。だから疲れやすく、周囲の思いに振り回されやすいのです。無意識に一つ一つに気づき、深く共感し、傷つき、凹む人だと言えます。

さらに、かくれ繊細さんの場合は、この特性のほかに、外に刺激を取りに行きたいという欲求が非繊細さんたちより高いし、自分の望むように人に思われたいという願望も強い。感情が強く深く、思考も深く、さらに周囲が期待する自分であろうとする欲も強いという大変極端な人だと言えます。

さて、この極端な人を、世間の人たちは受け入れられるでしょうか？

この極端な人、ありのままのかくれ繊細さんを、そのままさらけ出したとして、世間の人たちが受け入れることができるでしょうか？

3 「感受性の幅」が非繊細さんとは違う

これまで、たくさんのかくれ繊細さんに、心の内面や他人との違いに葛藤されたお話をうかがってきて、「どうやらこういうことなんじゃないか？」と帰納的に集約してできた図がこちらです。繊細さんの感受性が、非繊細さんに比べて幅広く、はみ出しているのがおわかりかと思います。

感受性の幅が、繊細さんと非繊細さんとでは大きく違うために、両端のはみ出した部分について、非繊細さんたちに理解してもらえない、という事態が起こります。この両端の感覚とは、「善すぎる感覚」と「悪すぎる感覚」です。

右端にはみ出した「善すぎる感覚」とは、かくれ繊細さんが過剰に持ち合わせている「表裏をつくりたくない」「公平でありたい」「優しくありたい」「人と調和して生きたい」「純粋である」「あふれんばかりの愛情／愛情深さ」「崇高さ」「誠実」などの、素直で律儀で折り目正

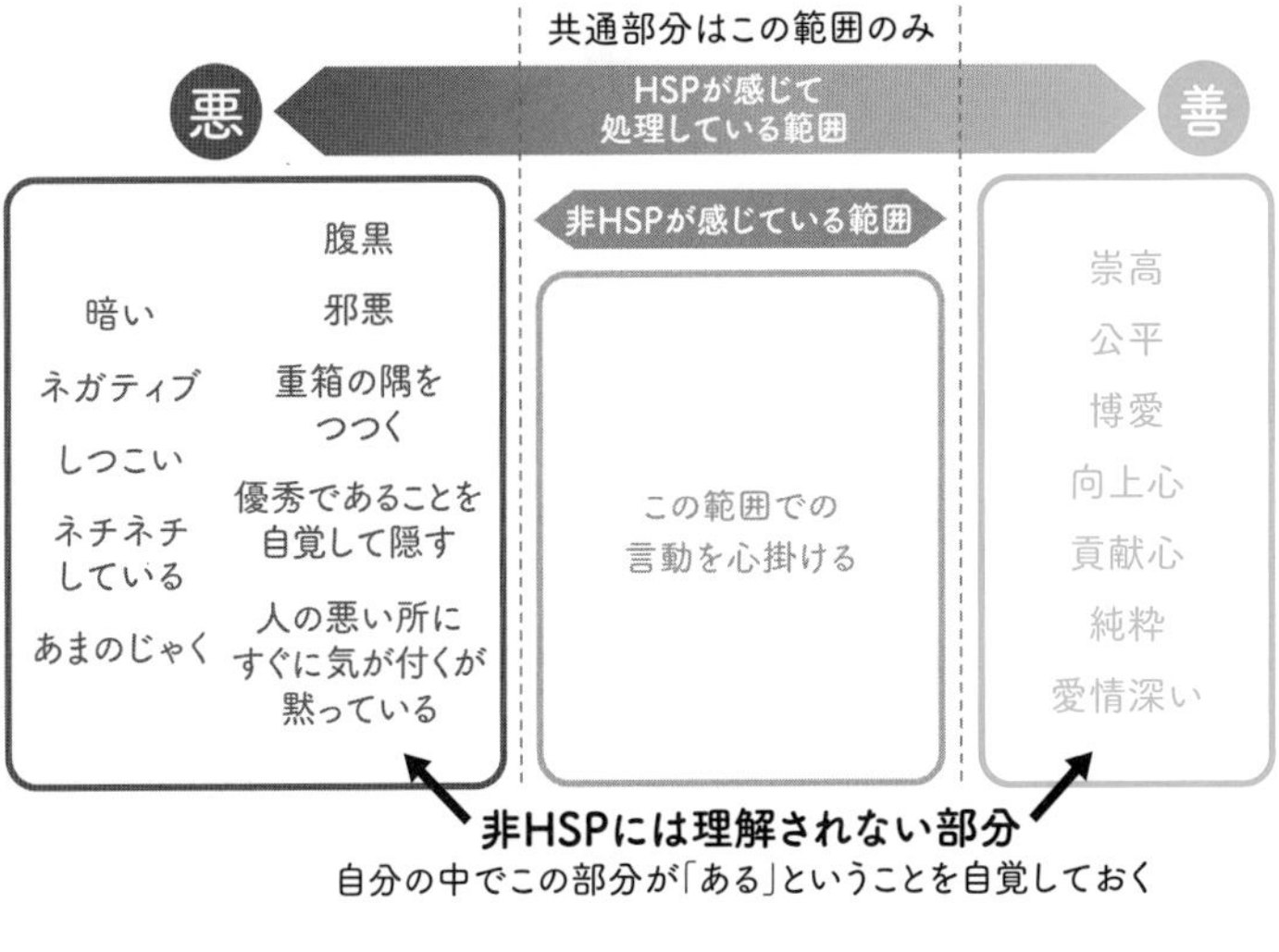

しくて誠実で愛情深いあなたです。このような感覚を持ち合わせていることは、一見よさそうなものですが、これらは時に非難される性質となります。どうやら、非繊細さんから比べると度が過ぎるためです。

「お人よし」で「献身的すぎる」「対価に見合わない労働をする」「優しすぎる」「もっと利口になれ」「もっとずるがしこく生きろ」「要領よく生きたほうがいい」などと批判されることにもなる性質です。あなたには、ご自身のこうした部分に覚えがあるでしょうか?

では、逆側の、左側にはみ出した「悪すぎる感覚」とは、どういうあなたなのかというと、「ネガティブ」「しつこい」「ネチネチ恨みがましい」「あまのじゃく」「意地悪い」「さぼりたがり」「怠惰」「人の欠点を見抜く」「ずるがしこい」「こすい」「細かい」「人目を盗む」などの、**本気で**人前に出したくない性質です。

かくれ繊細さんは、この両端のはみ出した部分を必ず持ち合わせています。片方だけではなく、両方を必ず持っています。

もちろん自覚のあるなしは個人差が大きいので、「私にはこんな部分はない」と思われるかもしれませんが、ご自身の心の癖を紐解いていくと、ご自身の中にこれらの両方の特性があるということが、はっきりわかってきます。

あなたがかくれ繊細さんならば、この表のどの部分を「見たくない」と思うでしょうか？

「見たくない」と思う部分には、あなたのトラウマとなる嫌な出来事が隠れている場合が多いため、自覚していない自分の部分を自覚するには、覚悟と時間が必要になります。

ですが、生きやすさに近づくためには、ご自身の「見たくない」「知りたくない」と思う部分を理解することがカギとなりやすいのです。

また、たくさんの方の生きづらさに伴走していると、「善すぎる感覚」を抑圧している方が想像よりも多いというのも意外に思うことの一つです。優しい人間、愛情深い人だと見られたくないのですね。これは、優しすぎる、愛情深すぎる、正義や公平を求めすぎることで生きづらくなってしまったためだと思われます。
私自身も、優しすぎる自分が恥ずかしくて、クールに見せるようにしていたということに気づいたときは、本当に驚きました。あなたがもし、強くて、クールに見せるということを無意識にしているとしたら、その真逆の性質があなたの中に眠っているかもしれませんね。

4 「はみ出した感受性」を非繊細さんは理解できない

「はみ出した感受性」を非繊細さんは理解できないから、かくれ繊細さんは非繊細さんに理解してもらえません。どのくらい理解してもらえていないかというと、非繊細さんたちは、かくれ繊細さんたちが持ち合わせているある感覚そのものの存在自体を知らない、というレベルです。

たとえば、20年前はみんなWi-Fiという電波の存在を知りませんでしたよね。テレビやラジオのための電波が飛んでいることは、目には見えないけれどもテレビやラジオという受信機で確かめられますが、携帯電話の電波などというものは知りませんでした。そんな時代に、Wi-Fiの電波について一生懸命説明している人がいるとしましょう。あなただったら、その説明を聞いてどう言うでしょうか。きっと「そういう電波があるのかもしれないけれど、見たことないからよくわからない」とか「わかってあげたいけど、確かめられないからピンとこないな」と言うしかないのではないでしょうか。

これと同じことが、かくれ繊細さんのはみ出した感受性を、非繊細さんが理解できないときに起こっています。かくれ繊細さんが、心の奥底のことを話しても、非繊細さんは「わからない」「ピンとこない」ようなのです。

非繊細さんたちは、自分の感覚のほかに「もっとなにかがある」とは思っていません。存在自体を知らない状態です。

知らないから理解しようがない、のです。そして、この理解されないはみ出した部分についてかくれ繊細さんが話してもピンとこないのです。なぜって、非繊細さんにとっては未知のもの、存在していないものだから。そのことについて真剣に、熱っぽく話すあなたに対して、ピンとこないのです。ピンとこないから答えようがなくて、「考えすぎだよ」と言うんでしょうね。ほんとにわからないってことなんだと思います。

先に挙げた図で言えば、左右両端のはみ出した部分が、非繊細さんに理解されないし、非繊細さんにはない部分です。

繊細さんと非繊細さんについてあまりよくわかっていない頃は、「片方にだけはみ出しているのかな」と思っていたのですが、かくれ繊細さんたちに伴走しているうちに、両端にはみ出しているようだということがわかってきて驚きました。

5 非繊細さんに合わせようとするから苦しくなる

繊細さんは、そのはみ出した部分をどうしているかというと、話してもわかってもらえないので、両端のはみ出した部分を見せずに、非繊細さんと同じ長さの感受性だけで生きているように見せかけています。

あんまり強く感じていないように見せているんですね。

話してもわかってもらえないばかりか、はみ出した両端を見せてしまうと、怪しまれたり、怖がられたり、距離を置かれたり、人としてどうなのかと批判されたりするからです。

かくれ繊細さんは、「人としてどうなの」ということにとりわけ敏感です。

「人のことなんて放っておけばいい」とか「自分が得するには……」などの利己的なことや、「メンドクサイから体調悪いことにしちゃおう」というちゃっかりしたことや、「『変わってる』って思われたくないから、ほんとは違うけど『うん』って言っておけばいいや」などの実態よりもよく思われようとすること、などを思いついては、打ち消すということを無意識に繰り返して、普通の人と同じようにしていると思います。

こんなふうに思いついちゃった、なんてことを、あえて言わないですよね？

だって、「人としてどうなの」と言われますから。

だから、非繊細さんと同じにしようとして、非繊細さんの感覚と同じだけの分しかないように、自分の「悪すぎる感覚」や「善すぎる感覚」の強くて深いはみ出し部分は封印して生活していると思います。

たとえば、あなたは自分だけが気づいたことを、即座に口に出すでしょうか。もし、人より先に気づいたとしても、きっとまずあなたがやることは、「自分の感じ方がおかしくないかを確認する」のではないでしょうか。一番最初に「気づいた」と言い出さず、周囲の人たちが気づいていないかどうか様子を探り、そのグループでどのレベルの発言をしたらいいかを観察しながら、そっと会話に入っていくようにしていませんか？

または、人に優しくしすぎるとお人よしと馬鹿にされたり注意されたりするかもしれないので、適度に冷たく対応したり、とか。

テレビのタレントさんを見てちょっと違和感を感じたとき、同じように感じている人がいるかどうかをＳＮＳで確認してみたり。

これらのことは、「自分の感じ方がみんなと同じなのか」を確認する作業。つまり、

「自分、はみ出していないかな？」「目立ちすぎていないかな？」とチェックしているのです。

これらの「先にわかる」「共感できる」感覚を封印して、非繊細さんに合わせようとすることで、みんなと同じようにしようとします。そうすることで、周囲から浮かないように、気づきすぎる自分を隠してうまくやってきたのです。

ですが、このみんなと同じようにすることに慣れすぎてしまい、本当は自分ではみ出した感覚を無理やり封印していることに気づかないままだと、今度はどんどん苦しくなってしまいます。外面を装い続け、周りに合わせ続けることで、**自分が本当に感じ取っていることがわからなくなってしまいます。自分は本当はなにをしたいのかがわからなくなってしまうのです。**

本当は、わかっているのです。自分の中で感じていることが「はみ出した部分」に該当することだから、隠さざるを得ないだけで、あなたがなにかを感じていることはわかっているのですが、そこから先、自分がなにを感じ取っているかを「知る」ことをやめてしまう癖がついてしまうため、自分が「本当はなにを感じているのか」がわからなくなるという事態に陥ってしまっているだけなのです。

6 はみ出した部分を抑圧すると生まれる苦しみ

本当に感じ取っている感覚は、表に出さないようにしてしまいます。世間にばれないようにぎゅうううっと押し殺しているのです。急な来客で見せたくないものを無理やり押し入れに押し込むようにして。

本当の感覚を押し殺しながら、必死です。

「自分が変だから、普通にならなきゃならないのよ」と、はみ出し部分を否定し、変えようと頑張ります。

それはもう必死に、「変えよう」としてしまうのです。「性格を変えたい！」とする行動は、このはみ出し部分の押し殺しを図ろうとしているということです。

自分の感覚が間違っていないか、チラリと周りを見てひたすらチェック。

「自分、はみ出していないか？　チェック」です。

このとき、軸は他人です。他人の行い、他人の価値観、他人の常識から外れていないだろうか、とひたすらチェックします。

もしその範疇から外れていたら、急速に範囲内に自分の言動を戻しながら、今度は、自分の外れた行いを誰かに見られていなかったかどうか？　をそっと見回し確認するのです。


このチェック行動に覚えがありますか？


私は子育て中、ひたすらこれを繰り返していました。自分の子育てに自信がないうえに、子育ての常識がわからないので、他人軸チェックをひたすら繰り返して「子育ての常識」を習得していきました。

当時、子連れの外出は恐怖で、疲れ方もひどかったです。ずっと他人軸を観察しているうえに楽しんでいるふりもしなければならないので、すごくエネルギーを使うからです。

そのようにして、他人軸を自分にインストールしていきました。そう、これってまったく「自分軸なんてない」状態です。はみ出した部分をなくすことなんてできないとは知らなかったので、「普通に見せよう！」ともがいていたら、自分軸などどこかに行ってしまいました。

このように、かくれ繊細さんは、自分軸を捨てて、他人軸を取り込んで、頑張って変わろうとします。ほんとに必死に他人軸を取り込んでいきますよね。

でも、この方法はまったくの間違いではないのです。他人軸は、世間の常識ですから知っておくに越したことはないし、世間の常識がわかっている方が圧倒的に生きやすいからです。

ですが、もう一度お伝えしますが、もともと持っているものですから、はみ出し部分をなくすことはできないのです。ただただ、隠蔽し続けて苦しくなるだけです。

そして、はみ出した感受性を抑圧し、そぎ落とそうとして、非繊細さんと同じように生きよう、性格を変えよう（もっと楽観的に生きよう、とか、ポジティブに考えられるようになろう、など）としたときに生まれるのは、「できない」という自己否定です。

かくれ繊細さんの場合は、何度頑張っても、ポジティブで楽観的な物事のとらえ方、感じ方をするようになることはありません。もともと持っているあなたのネガティブな部分（表の左側のはみ出した部分）をないことにしようとして得られるのは、周囲の人から受けのよい「みんなと同じふりのうまい自分」と、「本音は違う。自分は変われない」という自己否定感だけです。

これでは、かくれ繊細さんは、どこまでいっても本当の自己肯定ができるようにはなりません。

その構造を知らないまま、「自分の感じ方が違うから直そう」「自分はみんなと違うから同じになろう」としてしまいます。はみ出した感受性を持って生まれてきた以上、はみ出した部分をなきものにすることは無理です。

がっかりさせてしまいましたか？
私も、そのことに気づいたときは心底がっかりしました。
でも、安心してください。一般的な方法論とは異なりますが、かくれ繊細さんが生きやすくなる方法はあります。

はみ出した部分を持っている人ができる最大限は、そのはみ出した部分を「これも自分の一部だ」と受け入れることだけです。これができると、自分を知ることができます。ひいては、自己を完全に肯定することにつながります。そして、待望の「ぶれない自分」がやってきます。これぞ、自分軸です。

ちなみに、ですが、自分がはみ出してないか、ひたすらチェックしてしまう度合いは、みな同じではなく、生まれ育った環境、成育環境によって異なります。親や周囲の大人に、「あなたの繊細さは才能である」と、繊細さを肯定されて育ったかくれ繊細さんは、他人軸のチェックはあまりしていません。認めてもらえる環境であれば、そこで他人と比べることなく、自らの特異な才能・能力を認めて伸ばしていきます。もし認めてもらえなければ、自発的に独自の才能・能力を否定し、他人軸を獲得しに走ります。よって、自分の才能を肯定してもらえる環境に育った繊細さんが自己肯定できる可能性は格段に上がります。

これは、繊細さんがお子さんを育てるときに覚えておいていただきたいことです。自己否定をしているかくれ繊細さんが子育てをするとき、自分の特性を自覚しつつ、お子さんの繊細さを肯定していってあげられると、かくれ繊細さんが才能をのびのびと発揮する時代が思ったよりも早くやってくるかもしれません。

7 かくれ繊細さんは意識の焦点が外に出っぱなし

実はもう一つ、かくれ繊細さんが非繊細さんと大きく違うところがあります。それは、意識の焦点が外に出っぱなしだというところです。

意識の焦点とはなにかというと、「注意を向けている対象」です。
かくれ繊細さんは、外部の情報を取り続けて周囲の状況に合わせて自分を変化させながら生きるという方法をとっています。

かくれ繊細さんは、自分という家の窓から外を見続けているというイメージです。ずっと自分の外に注意を向けているため、情報をキャッチするのが得意です。だから、周りに合わせるのも得意です。ずっと窓から外を見張り続けている生き物なのです。

生まれながらにしていることで、外から得た情報を窓の内側に持ち込みます。今度はそれを自分の内側で処理します。過去の出来事や、因果関係や理由、解説をつけていく作業が脳内で行われるのです。
大量の外部情報を脳内で処理するので、観察、洞察、予測が速く、膨大です。そのため、窓から外を見ていない非繊細さんよりも圧倒的に疲れてしまいやすいわけです。

非繊細さんは、窓の内側に焦点があるため、あまり外部情報に動揺しません。かくれ繊細さんから見ると、物事に左右されないように見えます。やれることを着々とやりますし、慌てません。ルーティンができるし、あまり自分を見失うこともなく、淡々と生きていると思いませんか？

かくれ繊細さんがいつも慌ただしくしているのに比べて、非常にゆったりとして、どーんと構えているように見えるのです。しょっちゅう他人の言動に動揺して右往左往してしまう自分から見て、なぜ人はそんなにも揺らがないでいられるのか？　ということは、かつて、かくれ繊細さんというカテゴリーを知る前はとても不思議でした。

なぜ、そんなに余裕で構えていられるのか？　なぜ、批判されてもそれほど動じないのか？　なぜ、人に迷惑をかけているかもしれなくても、まったく気にしていないように見えるのか？　なぜ、気にしないで忘れてしまえるのか？

その違いが、どうやらこの「意識の焦点の違い」にあるようです。

この違いゆえに、かくれ繊細さんは、人よりも早く他人の感情に気づいたり、場の雰囲気を読み取り気を回しすぎたり、他人が気づかない違いに気づいたり、人の恋心がありありと読めてしまったりするようです。

私が、繊細さんと非繊細さんの意識の焦点の違いを感じるのは、「人ごみ」と「電車に乗ったとき」です。人ごみでは、繊細さんは他人とぶつからないように、よけながら歩きますが、周囲をまったく気にせずに目の前を横切る人がいることに驚くことがあります。繊細さんは、周囲の動きを予測しながら、ナナメ前から歩いてくる人との距離感だけではなく、その人がこちらとぶつかることを予測しているかどうかまで観察しながら歩いているのですが、この「予測」「観察」をしている人は人ごみでそれほど多くないということがわかります。歩くときに「予測」「観察」「譲歩」しながら歩いている人は繊細さん、かくれ繊細さんなんだろうな、と思うことが多いです。

非繊細さんは直線で歩き、かくれ繊細さんは周りを見ながらジグザグに歩きます。これは、意識の焦点が窓の外にあるかどうかの相違なのではないかと考察しています。

また、電車に乗ったとき、車内の情報をつかむために、きょろきょろ見回してしまいます。これは、電車に乗ったら全員がやっているものだろうと思っていたのですが、繊細さんのことを研究しはじめてから改めて見直したところ、ほとんどの方は自分の席にすっと座られて、そのまま自分の中に入り込んでしまえていることに気づきました。意識の焦点が外に出ていないためのようです。私のように周囲を見回している人などほとんどいなかったのです。そのことから、繊細さんの「窓の外観察論」につながりました。

今のところ、かくれ繊細さんと非繊細さんの違いは、「感受性の幅の差」と、「意識の焦点」という大きな二つによるものと考えています。

第2章

「かくれ繊細さん」が秘めている才能

1 かくれ繊細さんにはたくさんの可能性がある

かくれ繊細さんは、たくさんの可能性を秘めています。

この章では、どんな才能を持っているのかをお話ししてみたいと思います。

その前に、筆者の時田が、このかくれ繊細さんの特性を知って生きづらさを克服する前は、どんなことに悩んでいたのかについて、少しお話しさせていただきたいと思います。

繊細さんのことを知ったのは、2016年秋頃で、私は当時、高校生と中学生と幼児の三人の男の子と夫の五人で暮らしていました。仕事は、子ども用品のリサイクル店を経営しながら、子育て講座の講師をしたり、潜在意識の入れ替えをするセッションをしたりしていました。臨床心理士になるために、通信制の大学院の心理学の単位をとる勉強や、霊能力開発の通信講座も受講していました。セッションでご相談者をがっかりさせるのがいたたまれなくて、セッションの精度を上げるために、自分の「見る力」を強化するためでした。

また、子どもたちの学校では、ＰＴＡ本部にいて、学校にもたびたび出入りして忙しくしていました。

そのときの私の悩みは、自分の感情のアップダウンでした。

感情のアップダウンは、いつ、どこで起こるかが予測できません。

あるとき急に、「もういやだ」「もうだめだ」「これ以上は無理だ」という絶望的な気分になってしまうのです。こうなると、なかなか機嫌が直らなくて、どうしたらまたやる気になれるのかわからないことは、人に言えませんでした。

そして、朝はいつも辛かったです。

朝起きると、やらなければならないことがいくつも頭に浮かんできて、それだけでどんよりしてやる気を失いました。それでも、子どもたちを学校に送り出さなければならないので、やる気のないまま、ただただ嫌な気持ちを引きずりながらお弁当と朝ごはんをつくり、口うるさく身支度をさせていました。

そんなときに子どもたちから、「お母さん、今日、○○が必要だった」などと言われたときは、怒りが爆発してしまっていました。「なんで前の日に言っておかなかったの」「今からなんて、用意できるはずないでしょ」と冷たく突き放していたのです。ですが、子どもたちがしょぼくれて学校に行った後、私は激しく後悔して「あんなふうに言わなければよかった」「がっかりして学校でふてくされていたらどうしよう」「『お母さんが用意してくれなかった』と先生に言って、先生から私が『だめな母親だ』と思われたくない」などとクヨクヨします。

もう、なにもやる気が起きません。

でも、時間が来れば仕事に行かなければならないので、我慢して身支度をして出かけます。

ああ、書いているだけで息苦しくなってきますが、そんなのが日常でした。

もちろん、仕事にも行きたくなくなりますが、行かないわけにはいかないので、どんよりとした気分で足取り重く仕事に向かっていました。特にやりたくなかったのは、お店の店番でした。なぜなら店にいるときは、どんなに機嫌が悪くても、気持ちが沈んでいても、愛想よくニコニコ接客しなければならなかったからです。無理に笑顔をつくって愛想よく「ありがとうございました」と言うのですが、ものすごく重い石を持ち上げるような苦痛を伴いました。

この機嫌の悪さを、私はずいぶんと長い間持て余してきたのです。

会社員のときもそうでしたし、大学時代も、高校時代もそうでした。口をへの字に曲げてじっと耐えている姿が思い浮かびます。

一方で、気分が上がったときは、めちゃくちゃやる気になり、陽気だし、周囲への気配りもできるし、勉強にも意欲的なのです。アイデアもバンバン浮かんでくるし、「自分はできる！」と信じられるのです。フットワークも軽いし、人にも親切で、余計な軽口をたたいたり、世間話も止まらなくて、機嫌のよいときはなにも気にしないでいられます。

子どもがテストで悪い点を取ってきても、「そんなこともあるよ」と受け流せるのが、

「よいとき」です。

でも、一度落ち込むと、どうしたら気分が上げられるのかわからなくなってしまうのです。そして、その気分の落ち込みがいつくるかわからないことに困っていました。

なにか参加したいと思っても、その日、気分が落ち込んでいたら行きたくなくなってしまうからです。だから、なにかに参加するにも、とても慎重に何度も確認しました。「本当に行きたいのか？」「行けるのか？」と。願わくば「よいとき」に当たってほしいと思うのですが、どんなに行きたいと思ったとしても、初めて行く場所、初めて会う人たちに対する緊張がすごくて、必ず数日前から行きたくなくなるので、当時、何度もドタキャンをしていました。失礼なこともたくさんしたと思います。

もちろん、失礼なことをしたな、せっかくのチャンスを逃したな、とわかっています。わかっているので、ドタキャンして緊張から逃れることができても、自分で自分を責めてしまい、気分は最悪です。

新しい経験をしたいのに、緊張からドタキャンしてしまう。結果的に「自分はダメだ」「こんなことさえもできない」と自分を責めてしばらく浮上できなくなります。この頃の私は、表面的には、意欲的に勉強して、店を経営していて、ＰＴＡを引き受けている責任感の強い、やる気のある、陽気な、寛大な、人のいい三人の子どもの母だったわけですが、裏側は真っ黒でした。

裏の自分がひどすぎて、絶望していました。

真っ黒なのに、真っ黒であることが恥ずかしくて、こっそりと真っ黒でなくなる方法を探しまくっていました。ドタキャンしまくっているとか、いつまでも自分をうじうじ責めているとか、ネチネチと人を恨んでいる自分を消してなくそうとして、たくさんの方法を試したのです。ジタバタと足掻いていました。

気分が落ちたときのために、感動的な映画や小説を準備して買っておいたり、自分のいいところを書いた「いいとこリスト」を用意して、そういうときに読み上げようと備えたりもしました。でも、だめだったのです。「悪いとき」はやってきて、容赦なく自分を飲み込んでいきました。もう、なにをやってもダメなのか、私は一生こうしてうだうだと生きていくのかと思っていました。

そんなふうに、もがくようにして生きてきた中で、たくさんの方法を試しましたが、時々、「あれ?」と思うことがありました。

たとえば、潜在意識を見る練習をしたときです。練習相手に集中すると、その人の住んでいる部屋の様子がわかるということがありました。まぐれだろうと思って、ほかの人に集中してみると、今度はその人の悩みの元になった場面がわかりました。体育の授業をしている姿だったのですが、そのことを相手に話したらあまりのリアルさに驚きの声があがったのです。

「もしかして、センスあるんじゃない?」と思いました。

それから、仕事はできました。

あと、人とのやりとりも、できました。

人の能力がわかるし、常識的なので相手に安心してもらえたりもします。

それから、ほんとはこんなにひどい状態なのに「それでも自分にはなにかある」と思い続けることができていたことは驚きで、これらは全員には与えられていない自分だけの「才能」なんじゃないかなと思いました。

この章では、こうした中で見つけた、かくれ繊細さんが持っている才能について、お話ししてみたいと思っています。

2 かくれ繊細さんには「人間関係をつくる才能」がある

あなたは、聞き上手ですか？

人の話を聞いていると、相手が楽しそうに話してくれて、話が止まらなくなっちゃったりするんではないでしょうか。

それに、人の相談に乗ると、けっこういいことを言えちゃったりしませんか。適切な質問やあいづちも挟めるので、相談した人が「あなたに話すとスッキリする」とか言ってくれたりしませんか？

相手が嫌がることを言わないから、「また話聞いてくれる？」と言われることもあるのではないかと思います。

かくれ繊細さんは、人との関係をつくる才能があるようです。

一対一の関係では、自然に、相手の素敵なところを見つけられます。

相手が喜ぶことはなにかがわかるので、相手に合わせた会話ができます。

また、あいづちがうまくて、相手に話をしてもらうのに抵抗がありません。あなたと話していると、相手がうれしくなって、つい話をしてしまうのです。聞き役に最適！

そして、相手が喜ぶ対応ができちゃう人です。うれしいと表情に表れますし、感謝が自然と湧き上がってきたり、初対面の人にも割とフレンドリーに話しかけることができます。

また、周りの人が体調が悪そうとか、いつもと様子が違うなどとすぐに気がつくので、声をかけたり、親切にしてあげられ、「よく気づいてくださって……」と感謝されることも多い。

話題がないときには、自分をネタにして自虐的な話をすることにもあまり抵抗がありません。

相手が負担に感じてしまいそうなら、控え目にするなどの配慮も自然としていると思います。

そして、応援したいと思う相手には、知識や情報を出し惜しみせずにシェアできる人です。

それから、深い話が大好き。誰かの「深い部分」への興味が尽きません。

でも、どんなにムカついても、「これを言ってしまったら致命傷を与えてしまう」ということは、思いつくけど言わずに呑み込んだりもしているのではないでしょうか?

もちろん相手にもよりますが。

一対多の場合も、人間関係をつくる才能は発揮されています。

自分がどんなポジションになるとその集団がまとまるのかがなんとなくわかるので、上に立った方がいいのか、サポートに回った方がいいのかを自然と判断して変えられます。

雰囲気を察することができるから、場の空気を乱さずにそれらを楚々として行っていることと思います。

また、「真面目な人」を演じてはいるけれど、抜けているところを見せて親近感を感じさせることも得意。粗相のないように気を付けてもいますよね。周囲を見ながら、自分の発言が出すぎていないかに注意を払う、ということができるからかもしれません。

こんなふうに、かくれ繊細さんは、無意識に人に共鳴し、その場のためになることを察してさりげなく気を回す、という静かな加担をしながら、人と関わっています。

人間関係が心地よく結べているとき、とても気持ちがよくウキウキして、全部がうまくいくような気がすると思います。逆に、かくれ繊細さんが「人間関係がうまくいかない」と思っているとき、なんだか全部のことに暗雲が立ち込めたような気持ちになるかもしれません。このかくれ繊細さんにとっての「人間関係がうまくいかない」には、主に二つの理由があると考えています。

一つは、**表と裏を使い分けることへの抵抗**です。

あなたは、本当は、こんな人との関係は断ちたいと思っていませんか?

「いい塩梅」をかき乱す人や、過剰にほしがる人、依存する人、マウンティングしたがる人です。本当は、こういう人たちとは距離を置きたい、と。ところが、できれば距離を置きたいと思っているのに、「二面性を持つのはダメ」「誰にでも公平に」という、表と裏を使い分けることへの抵抗から、うまく距離を置けなくなることがあるのではないでしょうか。

かくれ繊細さんは、律儀で公平性を持った人たちですので、「偏らないようにしなくちゃ」と心がけがちです。「この人とは親しいのに、この人とは距離を置く」といった不公平に接するのをいけないことと思って、公平に仲良くしようとしてしまう。そのようにして、表と裏を使い分けることをいけないことだからしないように気をつけることで、人間関係を苦痛なものにしてしまうみたいなのです。

もう一つは、自分の**弱点中の弱点を指摘されることを避ける**、という点から、人間関係がうまくいかないということがあるようです。

かくれ繊細さんは、「見せてもいい弱点」と「絶対に見せたくない弱点」を持っています。突っ込まれたりいじられても大丈夫な「見せてもいい弱点」を用意しているのです。突っ込まれたり、指摘されるのを想定しておけば、いじられたときに使えるからですね。

でも、実はその奥に、「絶対に見せたくない弱点」を持っています。当のかくれ繊細さん自身が気づいていないことも多いです。

この絶対に見せたくない弱点に心当たりはありますか？

心当たりがない場合、気づいちゃったら、自分も傷つくから、すごく慎重に心の奥底に隠してしまっています。

かくれ繊細さんは、この「人に見せない弱点」について突っ込まれるかもしれないと思うと、人との距離を必要以上につくってしまいます。自分でも傷つくのに、人に弱みを突かれたら、どんなにショックを受けるかわからない。そんなとき、無意識に人との距離をつくってしまい、「なんだか人とうまく付き合えない」と思うようです。

でも、弱点を隠さないようにするなんて、どうしたらいいの？　と思いますよね。

もちろん誰にでも弱点はあって、それを全部なくすことなどできません。

かくれ繊細さんが弱点とうまく付き合う方法は、二つしかありません。

まずは、自分の心の奥底に潜んでいる弱点を知ることです。

そして、「そうそう、それ自分の弱点なんだよね」と弱点であることを自ら知って受け入れておきます。人から言われるのは嫌なものですが、弱点は自分が認めてしまうと、意外と嫌ではなくなります。

もう一つは、弱点の数を物理的に減らすことです。克服ですね。太っているなら痩せる、体力がないなら体力をつける、稼げていないなら稼ぐ。シンプルに状況を変えて、克服するという方向です。

突っつかれてもいい弱点は、これでなくなります。

すると、人と適切な距離で付き合うことができるようになります。

3

かくれ繊細さんには「仕事の才能」がある

あなたが「仕事できるわー」と思うのは、どんなときですか？

人が思いつかなかったことができたとき？

誰かにほめられたとき？

期待しているよ、と言われたとき？


かくれ繊細さんは、「存在するだけでいいわけない！　役に立たなきゃ!!」と思う傾向があるようです。

役に立たなきゃいけない。

稼がなきゃいけない。

そうでなかったら存在価値がない、って。


そんなかくれ繊細さんだからこそ、仕事ができる、仕事の才能を持っているのです。

たとえば、接客系の仕事であれば、

・人が気づかないことに気づいて、スムーズに進めたり、お客さんに喜んでもらったり、
・速く、綺麗にクオリティ高くできたり、
・相手の要望をすばやくつかんでなにが必要かわかって対応できたり、
・先読みが当たったり、
・こうしたらいいんじゃないかな？　こんな感じもいいよねー！　ってよい提案が浮かんできたり、
・難しいことを簡単に説明する力があったり（正確さには欠けつつも）、
・ほかの人とは違う返答ができていたり、

そういうことが売上や顧客満足につながって「できる人」になっていたりすることが多いのでは。

また、期間と最終的な着地点がはっきりわかると、考えられないくらいのスピードで仕上げることがある、と感じたことはありませんか？

・プロジェクトの立ち上げなどに関わったときに燃える
・情報収集を行い、全体像が見渡せる
・人の行動をよく見ていて覚えているので、言われたことにプラスアルファができる
・上司がなにを求めているのかわかる。
・向上心や探究心も高く、指示以上の学びをどんどん自発的にする
・結果的に恐ろしいスピードで成長する
・無駄をなくすのが好きなので、既存の仕事の方法や手順を見直して効率化できる
・各部署と調整しながら、全体像と詳細を見つつ、「みんなにとっての最善」を目指しているとき、高揚感でいっぱいになる

鳥の目線と虫の目線を両方持てる、視点をスイッチする機能を持っていると感じたことのあるかくれ繊細さんは多いかもしれないですね。また、自分の仕事ぶりに感激して震える体験をするということは、私もしたことがあります。自分のあまりの仕事のできっぷりに、夜中に怖くなります。そういうとき、体の内側からもそわそわもぞもぞする感覚が出てくるというかくれ繊細さんの証言を、複数のかくれ繊細さんから聞いたことがあります。高揚感なのかもしれません。

保育や介護、看護、教育系の仕事でも

・なかなか馴染めない子（人）が懐いてくれる
・保護者に信頼される
・新人さんになにかを教えたり、やる気にさせるのがとてもうまい

といった話を聞きます。

どの職種においても、人の苦手そうな作業を手伝ってあげたりして、すごく気遣いができるのが、かくれ繊細さんのようです。仕事の才能の発揮には、②の人間関係をつくる力が多分に使われていますし、お客様、取り引き先、同僚に喜んでもらうことが喜びであることや、周りの人よりも勘がよく、作業を習得するのが早いのも、仕事の才能とつながっているかもしれません。

ただ、かくれ繊細さんは敏感で洞察力もあり、予測が速く、創造性にも富んでおり、課題発見が得意など、仕事の才能があるものの、過去の失敗体験が足を引っ張って、どんどん臆病になる傾向もあります。この持ち前の「仕事の才能」を活かせるよう、自分の心の動き方やHSP特性をよく知ることが必要だと思います。

4 かくれ繊細さんには「人の能力を見抜く才能」がある

かくれ繊細さんは、他人の能力を見抜く力があると思います。

人の能力を見抜いた経験として、

・話をしていると、その人が本当に言いたいところはピンとくる
・部下一人一人の能力、よいところを感じ取れる
・みんなは気づかない他人の小さな才能に気づくことがある（聴いた曲を正確に歌う能力がある、コツコツとやれる力がある、見えづらいけど正義感がある、など）

と思うことがあるのではないでしょうか？

また、あるかくれ繊細さんは、こんなことを教えてくれました。
「中学生にチームスポーツを教えていたときがあったのですが、その子の得意なこと、プレースタイル、性格、家族との関係などから、どういう指導をしたら伸びるかが無意識にわかっていました。それで、一人一人指導内容を変えながら指導していたと思います」

私は学生時代に何人かに家庭教師をしていました。

隣に座っていると、その子の得意、不得意、なににテンションが上がるか、なににやる気を失うかが手に取るようにわかります。相手が嫌がることを強制しなくても、生徒さんたちが喜んでやれるよう声をかけることで、自然と成績を上げてくれていました。なので、私は、家庭教師をしたら誰でも子どもの成績を上げられるものだと思い込んでいました。これは、かくれ繊細さんの「人の能力を見抜く才能」が活かされていた場面だったと知ったのは、ずっと後になってからでした。

その人の本当の力を見抜くことができると、やる気になってくれたり、輝き始めたりしますよね。これは、かくれ繊細さんにとって、とてもうれしい瞬間です。表情がぱっと変わる。「わかった!」と体ごと理解したことがわかる。人がなにかをつかんだ瞬間です。この瞬間の輝きを見ることは、人の才能を見抜く能力を活かしたいという、かくれ繊細さんの才能を刺激するのかもしれません。

ところで、その人の本質を見抜けるという意味では、「悪い面」を発見してしまう側面もあります。

・周りの人にとっては優しくて人望のある人なのに、自分にだけは優しいと思えないことがある
・事件を起こしたり、自殺したり、干されたりする有名人がなんとなくわかる
・部下のちょっとした発言や雰囲気をネガティブに感じ取って、ぐるぐると考えてしまう

など、どうしたらよいものかと困ることも起こると思います。

かくれ繊細さんは「忖度上手」で、「相手はこのことを言われたくないだろうな」と思ったら忖度するので、ネガティブなことを感じ取っても言わないままがほとんど、だと思います。こんなとき、どうしたらよいか迷いますよね？

言われたくないことを言わないでおくことができるかくれ繊細さんは、自然と忖度してきたからこそ、これまでそこそこうまくやってきたと言えます。

なので、他人の才能に気づき、相手が喜ぶことならば必要に応じて話をしたらよいですが、相手が言われたくないだろうと思うことを無理に話さない、というこれまでのやり方で、大丈夫です。**忖度上手のままでいましょう。**

その人の言われたくないことを見抜いてしまったときには、言わない。それが、マイノリティであるかくれ繊細さんの人間関係を気持ちよくつなぐことにつながります。

「人の能力を見抜く才能」は、生きやすさのためにうまく活かせるといいですよね。

5 かくれ繊細さんには「直感を活かす才能」がある

人を見る目がある、と思うことはないでしょうか?

たくさんの人の中から「これ」と思う人を選び取ることができたり、自分にとって安全な人かそうでないかを見分けられたり、直感を信じてセミナーなどに申し込んだらよい方向に進んだ、という経験もあるのでは。

かくれ繊細さんは、もともと勘がよい人たちです。ところが、直感で答えるよりも、考えて物事を判断するように癖付けてきたため、直感を使わないようにしてきてしまったのですね。もったいない。でも、仕方のない選択だったと思います。

直感でつかんだことは論理的に説明しづらいですよね。だから、もともと直感を使うことが得意だったのに、現代で孤立せずに生きていくために、封印したのかもしれません。**かくれ繊細さんは、現代で生き延びるために自らの特技を手放した**とも言えます。

なぜそんな稀有な能力を手放したのでしょうか？

おそらくですが、直感でわかるというのは、現代ではちょっと怪しいと思われやすいから、なのではと思っています。かくれ繊細さんは怪しまれることが苦手です。怪しまれると、孤立してしまいます。目立ってしまいます。怪しまれて孤立して目立つくらいなら、直感を捨てて、みんなと同じように常識的に考えることを選択することにした、ということではないかと思っています。

幼いころ、パッとわかったことを口に出したら、「そんなこと言うのやめなさい」と叱られたり、疎んじられたり、敬遠されたことが、かくれ繊細さんには何度かあるのではないでしょうか。「調子に乗るな」としかめ面で言う親の顔を覚えている方もいるのではないでしょうか。

そういうふうに言われることが嫌で、そのあと、人間界で無事に生きていくために直感的にわかったことを言うのはやめようと自分に課したのでは、と見ています。

私は、親がかつて市の教育相談に行ったという話を聞いたことがあります。「この子はちょっとおかしなことを言う子で」という相談を、市の教育相談員の方にしたそうです。四〜五歳頃のことで、同じ時期に「天からのお告げごっこ」をしていた記憶があります。また、幼稚園のマリア像と意識をつなげるという遊びを、一人で密かにしていました。こうした行動について、親が心配になったのも無理からぬことと感じます。想像力が豊かで現実離れしたことを言ったりやったりしていたのでしょう。周囲が警戒するので、人の雰囲気や顔色や反応から自分のふるまいを変えながら生きているかくれ繊細さんが、直感を言葉にするのを抑制していったと考えるのは、自然な流れです。

とはいえ、直感的に見抜く力の片鱗は大人になっても残っていて、かくれ繊細さんたちに聞いたところ、ご自身の直感についてこのように感じていらっしゃいました。

・自分にとって安全か安全じゃない人か判断できる。近寄らないほうがよい人を避けられる
・仕事で、間一髪で間違いに気づいたときは、我ながら驚いた
・学生時代、テストに出る問題の予想が結構当たった！
・役に立つ直感と言えないかもしれないが、付き合っている人が別の女性と出かけたり、心が動くとすぐわかる
・大きな地震のとき、直感的に動いたらうまくいった
・助かったとか役に立ったわけではないですが、なんとなく嫌な予感がよく当たる
・人の人間性はわかる（ような気がする）
・懸賞によく当たる。当たるときは、当たりそうな気がする

ご自身の直感に自信がつくと、大事な場面でも「自分の直感を信用してもいい！」と思えて有効に使えます。もちろん、思考力もこれまで通り使いながら、直感力というもう一つ強い武器を持てる、ということです。

6 かくれ繊細さんには「常識を守る才能」がある

自分は非常識なことはしない、という自信がありますか？

調子に乗るとうっかり逸脱してしまう、ということはあっても、かくれ繊細さんは基本的に常識を守る人です。

- 常識的だからか、採用や取り引き先の仕事確保にあまり苦労したことがない
- 目上の人への態度がきちんとしているので、とても好かれる
- ご近所の方にはご挨拶を欠かさないので、周囲の人たちに好感を持たれる

こんなふうに、かくれ繊細さんは、ご自身が常識人であるということを認識されていると思います。この常識を守る力は、かくれ繊細さんが一朝一夕にして身につけたものではなく、努力して習得したものではないかと見ています。

本質的には常識の枠内に収まっていないご自身を、常識の中に戻そうとする強い力が、「常識人」としてのあなたを形成しているのだろうと思います。この努力は大変なものだったと思います。

自身の着眼点、発想力、感情の起伏、思考回路が常識を逸脱しているとわかっていて気をつけているからこそ、「みんなと同じ」を外れないでいられるのですから。

かくれ繊細さんにうかがうと、常識的範囲に収まるように意識していることがうかがい知れます。

「自分は常識的なふるまいができているのだろうかと心配しながら日々過ごしています。電話の対応、お客様への応対、相手とのやり取りがそつなくスムーズに行えたとき、『これでよし!』と思うんです」

はみ出した感受性の部分があるせいで、かくれ繊細さんは基準となるものをいつも探しています。社会の基準、みんなが基準としているものです。みんながいいと言っている基準を守ることが、安全だと感じます。

みんなと同じならば、仲間外れにもならないし、奇異な目で見られることもありません。だからみんなと同じであるために常識的であろうとする力が、かくれ繊細さんには働くような気がします。

常識から外れた行為をしている「アンモラル」な人に厳しい目を向けてしまいがち、というのも、この常識を意識しているからかもしれません。あなたもつい、電車の中で常識的でない行動をする人に着目して目が離せなくなってしまったりしませんか？それって、「みんなと同じ」を逸脱しないように気を付けているせいかもしれません。

7 かくれ繊細さんには「バランスをとる才能」がある

他愛ない話で恐縮ですが、私はおかずの量に合わせてごはんを食べている、ということに、あるときハッと気づきました。おかずと同時にごはんがなくなるように、一口のごはんの量を変えていました。調整しながら食べていたのです。このことに気づいたときは、なぜこんなことを無意識にしているのか意味がわかりませんでした。でも、だんだんわかってきたのです。自分がすごく、「ぴったり」や「バランスのよさ」にこだわる人なのだということに。

洗濯物を干すときに、偏らないようにバランスよく干す／ファミリーサイズのチョコやクッキーなどを食べるとき、まんべんなく種類を食べて片寄らないようにする／ビュッフェで皿に取るとき、食べたい物、見た目、量などを考えながら盛る／掲示物を貼る位置のバランス／服の形／眉のバランス／他人のスカート丈

がもうちょい長いほうがかわいいはず！　など心の中で「バランスのよさ」を追求している

なんてこと、ありませんか？

多くのかくれ繊細さんが、自分はバランスをとっていると証言してくださっています。たとえば仕事では、

・部下をペアリングするときに、驚くほどぴったりのペアがつくれて自分で驚いた
・仕事の力を入れるところ、抜くところは自分なりにバランスを取っている（自分がこだわりたい部分に力を入れる。どうでもよいところは抜く）
・各スタッフの仕事の量、質、その人の性格、能力、プライベート、疲れ具合などを考慮し、一部の人に過重な負荷がかからないよう自然と気を回している

人間関係でも、

・人間関係でかなりバランスをとることが多いと思う
・引っ込み思案な人が多いメンバーでは、引っ張る役を率先し、引っ張ってくれる人がいる場合は、周りを見られるようにフォロー役に回る
・周りの人が落ち込んでいると自然に自分は上昇し、周りの人が浮かれていると自分は低めに落ち着く気がする
・天真爛漫な子と一緒のときは、しっかり者キャラになる

また、グループの中になじめていない人がいると気になって気を回すという行動も、もしかしたら全体の均衡をとりたいという見えないバランス感覚がなせる技なのかも？

ほかにも、さまざまなところでバランスをとっているということに気がつかれていました。

・食べすぎた後の体内のバランスが気になる

繊細さんは暑さ、寒さ、痛さなど皮膚感覚に敏感ですから、自分の体の変化や感覚反応にも敏感なのだと思います。整っていないときは整えたくなるのでしょう。

・家の中のインテリア、模様替えなどが好き。バランスを考えて物の配置や収納の工夫など考えてつくっていくのが好き

かくれ繊細さんは、視界に入るものを強く意識する性質も持ち合わせています。自宅にあるもののバランスは当然気になるところでしょう。

また、

・自然とみんなが選ばないものを選ぼうとする

という感覚も、かくれ繊細さんがよくおっしゃることです。

みんなが選ばないものを選ぶので、「変わった趣味だよね」と言われたことがあるかくれ繊細さんは多いのではないでしょうか？　私が最も変わっていると言われたのは、「憧れの先輩」でした。みんなが憧れる素敵な先輩にはあまり興味が持てなかったのを覚えています。


また、趣味が変わっているといえば、人気の人よりも、脇でキラリといぶし銀のように光る才能が好きだったりしませんか？

一番人気のセンターは、確かに輝いていて素敵。だからファンがたくさんいます。かくれ繊細さんはおもしろいことに、「自分がわざわざそういう人の人気に加担しなくてもいい」と感じてしまう方が多いようなんです。

自分は一番人気ではない人を応援するのが「バランスがいい」と感じるからなのではないかと見ています。

全体のバランスをとろうとして出てくる現象なのではないでしょうか？

創作をされている方たちの中には、かくれ繊細さんのこの生まれながらのバランス感覚を十分に活かしている方たちもいらっしゃることでしょう。そうした直接的にバランス感覚を活かす方たちだけでなく、かくれ繊細さんたちは日常のあらゆるところにバランスを無意識に求めて生きているのかもしれません。

自分は普通とちょっと違う、と感じたとき、かくれ繊細さんのこのバランスをとろうとする気質が隠れている可能性があります。私が、ごはんとおかずのバランスに気づいたときのように、「おや?」と思ったら、「バランスを気にしているのではないか」という目をご自身に向けてみると、楽しみながら自分を知ることができるかと思いますよ!

8 かくれ繊細さんには「自分にはなにかあると思える才能」がある

かくれ繊細さんがもれなく自覚されているのが、この「自分にはなにかあると思える才能」です。お話をうかがわせていただいたかくれ繊細さんは、ほぼ百%、「自分にはなにかがある」と思われています。ご自身をなんとかこの世で活かしたいと望んでいます。「このままなにも残せずに死にたくない」と思われています。

非繊細さんたちから見たら「なんと自信過剰な人たちなんだろう」と思われるかもしれませんね。でも、「自分にはなにかある」という確信があるからこそ、かくれ繊細さんは、生きづらくてもこの世界で努力して向上してなにか残そうとするのだと思います。かくれ繊細さんの努力、向上心、勉強熱心さは、この「自分にはなにかあると思える才能」からきているのだろうな、と。

かくれ繊細さんたちは、この才能についてこんなふうに思われています。

・どうなっても、最終的になんとかなる状態に持っていけるなにかがある気がする
・「自分にはなにかある」とずっと思っていた

・「なにかある！」というはっきりした感じではないけど、フツーじゃないな、とは思っている
・なんでかわからないけど、この才能だけはあると思っている

私が自分にはなにかあると思い始めたのは、自分がお店に入ると、お店が混み出すということが続いたことでした。「逆エンパス」という言葉がネット上に出回ったときに、この現象を語っている方たちがいたのですが、「ああ、それって、才能の一つなんだ」と妙に納得した記憶があります。

だから、

・困ったときにこれぞと思う情報に出会える
・偶然とは思えない出会いに恵まれる、不思議と人とのご縁のようなものがある
・確率的に考えるとあり得ない出会いがある

と感じると証言してくださる方も多数いらっしゃいます。自然と引き寄せられる力が、もしかしたらかくれ繊細さんの才能の根っこなのかもしれません。

この才能は、「自信過剰」「自意識過剰」のように思われやすいため、表には出しにくいものですよね。だから、これまでは、これを才能だとは思っていなかったかもしれません。

でも、**心の奥底に、この「自分にはなにかあると思える才能」の透明な源流**を持っているけれど、表には出せないなぁと遠慮がちに生きているあなただったら、これからその才能を活かしていけると思います。

ここまで、かくれ繊細さんの保有する才能についてお伝えしてきました。いかがでしたか？　かくれ繊細さんは、人にはないすごい才能を持っていますよね。

ところが、これらの才能がいかに有用であろうとも、同じくらい強烈なネガティブパワーを同時に持ってしまっています。実は、そこがかくれ繊細さんの抱える問題点です。

才能を感じられるのは、短時間、かつ調子のよいときだけ。
スタミナ切れしたり、自己否定したり、焦りすぎたり、自分への信頼がなくなって思考ぐるぐる状態になると、「自分に才能なんてあるわけがない」とせっかくの才能が全部無効になってしまい、どこかに押しやられてしまう、ともどかしく感じられているのではないでしょうか。

そう。

かくれ繊細さんがせっかくの才能を発揮できない理由は、自分で自分を自滅させる「内なるネガティブパワーによる自滅の仕組み」を内包しているためなのです。

これまであなたは、せっかくの才能を台無しにするのは、才能の対局にあるネガティブパワーがあるからだと気づき、ポジティブに考える練習をしたこともあるのではないでしょうか？

私も、いつか動揺しない強い自分を手に入れるために、何度ポジティブに考えようとしたかわかりません。でも、数十年間何度もやってみてわかったのは、動揺しない自分になるのは無理だということでした。**かくれ繊細さんはそもそも、感受性の高さをデフォルトで持って生まれてきているので、動揺しない自分を目指すのは間違いなのです。**

ならばどうしたらよいかというと、もう**「動揺することを前提に対策するしかない」**と気づいたのです。

かくれ繊細さんが才能をうまく発揮していくには、感受性の強さを捨てるのではなく、動揺することを前提として、内なる声による自滅の仕組みを解消していくしかないのです。その方法について、次の章でお話ししていきますね。

第3章

「かくれ繊細さん」が自己肯定感を高め、幸せになる方法

数千時間のセッションをしてきた中で、わかったことがあります。

かくれ繊細さんが自己肯定感を高めるには、かくれ繊細さん向きのやり方があります。

この章では、かくれ繊細さんが、どのようにしてご自身の才能を発揮しながら自己肯定感を高め、幸せになるかについてお伝えしていきたいと思います。

1 かくれ繊細さんが才能を活かすには四つのカギがあればいい

かくれ繊細さんがその才能を活かすには、次の四つがカギになります。

1　複雑さを紐解くカギ：根本的な課題解決＋感情のアップダウンをしのぐための二足のわらじをはく

2　「現在」のカギ：本当の感情を見つける

3　「過去」のカギ：過去を完了する
4　「未来」のカギ：未来予測、ぐるぐる思考は止められる

1　複雑さを紐解くカギ：
根本的な課題解決＋感情のアップダウンをしのぐための二足のわらじをはく

かくれ繊細さんの悩みは、流動的なものと、ドーンと重しのようにあるものの、二つがあると思いませんか？

日々の感情や気分のアップダウンの調整が難しい、自分の機嫌を取るのが難しいことが流動的な悩みだとしたら、ドーンと重しのような悩みとは、小手先の調整や気晴らしではどうにもならないと感じているものだ、と思います。

この、重い方が「根本的な真の課題」です。

これが解決に向かうと自分の全部に大きな影響が出ます。

「根本的な真の課題」を解決することなんて、できないんじゃないの？　と思われ

るかもしれませんが、可能です。

根本的な課題を解決していくと、どんどん自分の仕組みがつかめてしっくりきます。これまで謎だらけだった自分の反応に、納得がいくようになります。

これまでなぜ、うまくいかなかったのかがわかって、対応できるようになります。

とはいえ、かくれ繊細さんの心の仕組みはちょっと複雑で、時々複雑すぎてセッション中に面食らうことがあります。それに、一見それが根本的な課題なのかがわからないように、巧妙に隠されていることも多いです。それにかなり頑固です。とても堅く信じこまれていたりして、一筋縄ではいかないこともあるので、紐解けるまで時間をかけることもよくあります。

たとえば、あなたも時々ドーンと凹むことがあるのではないかと思います。

うっかり調子に乗って話しすぎてしまったときとか。

周囲の反応が冷ややかになって、この世に一人だけ取り残されたような感覚になるのではありませんか？

あるいは、仕事で致命的なミスをして、それを「どうにか隠そう、まだ隠せるんじゃないか」と慌てて頭の中でぐるぐる考えてはみるものの、焦りと動揺がすごくてどうにもならないときとか。

または、世の常識からはみ出してしまったとき、とか。

そんなふうにドーンと凹んだとき、ご自身の内面を掘り起こして紐解いていけるとすっと立ち直れます。そんな方法をお伝えしていこうと思いますが、すぐに掘り下げられるようになることは難しいようです。

本心と向き合うのに「怖い」と思うからです。

怖くて進めないのに、そこで無理やり掘り下げて紐解いていくと、かくれ繊細さんは繊細なので傷ついてしまいます。そういうときは、ゆっくり、時間をかけて、です。

本質的な真の課題を解決するために、間を持たせるのが大切になってきます。その間を持たせるのにどうしても必要なのが、「気をまぎらわせること」です。

かくれ繊細さんにとって、「本当に根底から解決する方法」と、「そのために間を持たせるための方法」は、生きやすさ獲得のために両方とも必要なものです。

間を持たせる方法としては、

外食する／つくったことのないものをつくってみる／はやっているものを飲んだり食べたりする／歌う／音楽を聴く／楽器を弾く／お風呂に入る／エクササイズや筋トレをする／動画を見る／漫画を読む／本を読む／アロマをたく／花や植物をお部屋に飾る／単純作業を繰り返す／なにか習ってみる／誰かに電話する／掃除する／ＳＮＳ断ちする／散歩する／いつもと違う道を通る／動物をかわいがる／早起きする／心理テストをやってみる／動物園や水族館や美術館に行く／旅に出る／カフェに行く／映画を見る／図書館に行く／神社、寺にお参りする／高層ビルに上る／サウナに行く／新しい下着や服を買う／髪を切る／ネイルを整える／ダンス／水素を吸入する／パズルをする／寝る／ウォーキングする／走る／泳ぐ　など

メンタルに直接働きかける方法としては、

ヨガ／気功／禅／瞑想法／TFT／タッピング／認知行動療法／心理ワーク／アンガーマネージメント

などが代表的でしょうか。

こうしたことは、これまでさんざんやってこられたことかもしれません。それには一定の効果がありますので、今後は「真の課題を突き止めながら」、サブ的にやることを意識するとよいと思います。

なにがよいかは、その都度気になることで構いません。私は最近はオーソモレキュラーという栄養学の情報でサプリメントを飲むようにしています。これで無駄にモヤモヤしなくなったと思います。ヨガをしていたこともありますし、頭蓋仙骨療法やオステオパシー系テクニックを使う整体に通ったこともあります。かつては潜在意識の心理的な抵抗を扱う民間セラピーを習得して教えていましたし、臨床心理学を大学院で聴講したり、そこから認知行動療法やフォーカシングやヒプノセラピー（催眠療法）を学んだりもしました。かくれ繊細さんは学ぶことで、知識やスキルも得られる上に間を持たすこともできて一挙両得、一石二鳥のよい方法であるように思います。

これらの気分を変える方法をつなぎとして、うまく渡り歩きながら、根本的な真の課題を解決していくようにしましょう。

では、真の課題を解決するためには、どうしたらよいのでしょうか？

そのカギは、「現在」「過去」「未来」です。

2 「現在」のキー：本当の感情を見つける

かくれ繊細さんが自己肯定するためには、感情をしっかり確認する過程が必ず必要です。

かくれ繊細さんが生きづらい理由は、感情を中途半端に解消しているためで、ここを適切に扱えるようになると、生きづらさの半分は解消したと言ってもいいくらい重要なところです。書き出しワークを通して、ご自身が隠してしまいがちな感情に気づき、腑に落としやすくしていきましょう。

2 なぜ、感情を適切に扱えるようになるとよいのか？

あなたは、うっかりはみ出した部分を人に見せたときに、周囲から思いもよらない反応をされた記憶はありませんか？

かくれ繊細さんには、はみ出した感受性があります。
このはみ出した感受性は、非繊細さんにはないものです。

このはみ出した感受性について、私が大学時代に体験した苦い体験があります。
まだ、「自分の感覚がはみ出している」だなんて、おくびにも思わなかった頃のことです。

学生時代、同級生とクラブのメンバーの役割分担について話していたのですが、そのときに「時田って、人のことよく見てるなぁ」と言われたことがありました。人についての評価があまりに辛辣だったのかもしれません。すごく苦笑いされました。

このときの苦笑いは、一般の感覚からははみ出しすぎていたからだと思われます。

誰かの人柄について話していて、的を射てはいたのでしょうけど、言っていることが赤裸々すぎて一般の感覚からはみ出しまくっていたため、同級生はどう反応したらいいのか困ったのでしょう。それで、「時田は人のことよく見てるなぁ」と私の言ったことではなく、私の観察力をほめるしかなかったのだな、と気づけました。


私はそれ以来、人について観察したことをそのまま赤裸々に語ることはだんだんしなくなっていきました。

赤裸々に語ると、人から距離を置かれてしまうことにようやく気づきはじめたのです。「そっか、思った通りに言っちゃダメなんだ」と知り、本当に感じたことは反射的に隠すようになりました。

他人に隠すのはよいのです。
でも、本当に感じたことを他人に隠しつづけていると、だんだんと自分にもわからなくなっていくのは、盲点でした。

自分の感情がよくわからなくなっていくのです。

人のことを悪く思っているのに、言ってはいけない。だから言わないのです。
そこまではよいのですが、それを続けていると、人を悪く思う感覚が鈍っていきます。そもそも「嫌だな」と思わなくなっていきます。
感情が発生しているのに、それを認識できなくなっていくみたいなのです。

多くのかくれ繊細さんとセッションをしてきましたが、どうやら認識しなくなっていく方が便利だから、みたいですね。感情認識を退化させていくようなのです。

かくれ繊細さんが認識退化させやすい感情は、「寂しい」や「恥ずかしい」「怖い」「不安だ」が主なものですが、人によっては「悔しい」「軽蔑」「落胆」「惨め」なんかも退化させています。

感情の認識を退化させる理由は、感じたことを赤裸々に表すことができないうえに、それを感じているのは恥ずかしいからでもあるようです。それらの感情を感じないようにしておいた方が、都合がいいためです。

それで、自分でも自分がなにを感じているのかがわからなくなってしまいます。

ところで「最近、心から楽しいと思ったことはありますか?」と聞かれてぱっと思い出せるでしょうか?

感情の認識を退化させてしまうと、「楽しい」とか「幸せ」とか「慈しみ」のような、本来感じたらうれしい感情まで退化していってしまうことがわかっています。

そんな方は、感じなくなっている感情に着目しなおしてみることをおすすめします。

そしてこの「はみ出した感覚」を再自覚することが、生きやすさのための最初のカギです。ここで、あなたの感覚を順を追って導き出せるワークをご紹介します。

書く内容

なにかモヤモヤした出来事を書き出してみましょう。

書き出す順番

①モヤモヤした出来事

なるべく小さく切り出してみてください。
たとえば、「会議が辛かった」ではなく、「会議でAさんに睨まれた（気がした）」などのように、対象者、場面を具体的に書くようにしてください。
打ち消し、理由付け、原因、言い訳、否定など、考えていることを、ここに書き出してみてください。

②感情

瞬間的に起こった感情を、主な感情の中から選択してみましょう。
複数の感情があると感じたら、複数を選んでみてください。
感情の出現推移は、矢印で記入してみましょう。一例を記しておきます。

うれしい　ワクワク　ありがたい　愛　感動　やる気　幸せ
楽しみ　すごいなぁ　満足　納得だ　和む　楽しい
モヤモヤ　萎える　イライラ　がっかり　惨めだ　不安だ
自分は悪くない→怒り　焦り　嫉妬　自分のせいだ
恥ずかしい　怖い　立ちすくむ　絶望だ　なにもやる気がしない　無理だ

これら以外の感情を書き込んでいただいてもいいです。

③説明（理由付け、原因探しなど）

感情を選択しているときに考えたこと、思いついたことを書き出してみてください。

さて、ここまで書いていただけたでしょうか。

次の欄には、イライラもやもやした出来事とは別に、

・これを書き出すことに対してどう感じているか（メンドクサイ、うまく書けた、意味あるのか？　と考えている、など）

・今のご自身の様子（そわそわしている、目がきょろきょろする、胸がドキドキしている、まったく別のことを考えているなぁ、真っ白になっちゃうなぁ、など）

を書き出してみてください。

なにかモヤモヤしていることについて書こうとしているのに、なぜか気がそれてしまうとか、いざ書こうとするとぱっと忘れてしまうとか、ぼんやりしてしまうということを書くことは、かくれ繊細さんにとってとても大事な過程です。

焦点からズレたことを思い出したり、気が向かったりするとき、無意識の作用が働いています。

無意識は、都合が悪いことを書かせたくないので、あなたが核心に迫ろうとするとほかのことに気をそらさせます。ぼんやりしたり、頭が真っ白になったりする方もいます。または眠くなったりもします。眠くなったら「眠くなった」と書いてください。出来事について書いているはずなのに、無意識が別の領域のことにあなたの意識を連れて行ってしまおうとしたとき、そのこと自体を書き出してみてください。

「ぼんやりしてるなぁ」とか「頭が真っ白になっちゃったなぁ」「なんにも書けない」とか「眠い」とか「なんかこれ、意味あるのかな?」とかのひとり言の部分を書き出すことで、感情や無意識に隠されたあなたの本音がなんなのかが次第にはっきりしてくると思います。

次は、

④その出来事のときに感じた感情の奥底に、どんな感情があるか直感で選んでみてください。選ぶのは次の四つの中のいずれかです。どれとつながっていると思われますか？

焦り　怖い　恥ずかしい　不安

選べましたか？
そしたら次は、

⑤その出来事に関して本当はこうしたかった、こうでありたかった、こうしてほしかった、と思うことを書き出してみてください

たとえば、

Aさんに睨まれた気がしたが、本当はAさんに笑顔で話しかけてもらいたかったんだなぁ、本当はAさんに自分の方を向いてほしかったんだなぁ、本当は、私にだけ笑いかけてほしかったんだなぁ、本当は、Aさんの仲間に入りたかったんだなぁ……。

その場面でそうだったら、と思うことをちらっと思い描いていてみていただければと思います。

⑥⑤で「本当はこうしてほしかった場面」を思い描いてみたとき、あなたの体はほっとしたり、力が抜けたり、なんだかホンワリとした感覚を持ったりしましたか？

体の感覚があれば、このワークは成功です。

あなたにはこのワークで、これまで感じることがなかった感情を引っ張り出し、本当にほしいと思う感覚を、体を使って体感する、という一連の流れを体感していただけたらと思います。

色々な場面で試してみていただけたら、自分の隠しがちな感情、わからなかった本音に近づけることでしょう。

3 かくれ繊細さんは感情と思考を分けてみることが難しい

かくれ繊細さんは、最初に感じた本当の感情を、説明や理由付けなどで、自分を納得させたりしてそのモヤモヤを消そうと自動的にしてしまいます。

そして、本当の気持ちを感じても、すぐにそれを封印してないことにしているので、自分で自分の感情がわからなくなってしまいます。

でも、感情はあります。一番最初に、実はなにかを感じています。

その、最初に感じたことはなんだったのかを知ることが、かくれ繊細さん解明のカギなのです。

かくれ繊細さんは、この説明、理由付けなどによって感情を見えなくすることが天才的にうまく、速いので、すぐに感情がわからなくなりがちです。

このワークでは、ほんとの最初になにを感じたのかをはっきりわかるようにするために、②の感情と③の考えを分けて書いていただきます。これまで、②が出てきても③で消そうとしてきたと思うので、最初は難航するかもしれません。覚悟して取り組んでください。

3 「過去」のカギ：過去を完了する

なにかショックを受けたとき、かくれ繊細さんはとても傷つきます。

よく、「失敗して学べ」と言われるじゃないですか。

これ、一般的には正しいのですが、かくれ繊細さんにはあまりよい方法とは言えません。

かくれ繊細さんは、失敗すると傷ついて恥ずかしくなって、次の行動をとれなくなってしまうからです。ショックと恥ずかしさで、すぐに立ち上がれないんです。

かくれ繊細さんは、失敗したり、ショックなことがあって傷ついたとき、周りがどう思っているかが気になって、なかなか次に移れないですし、さらには次に移れないことを恥じるし、さらにさらにそんな自分を「ダメなやつ」と否定すると思います。

「そんなことくらいで傷つくなんて」「自分のことばかり考えている」「自意識過剰だ」「誰も自分のことなんて見ていやしないんだから気にしなくていいんだ」と思おうとすることでしょう。

ここです。

立ち上がれないのです。

あなたがショックを受けると、さまざまな感情や思いや思考がぐるぐるとうずまいて次に移れなくなります。自分を「ダメなやつ」扱いして、がんばって起き上がらせようとしますが、起き上がらせるのは至難の業です。

そのときかくれ繊細さんは決めます。

なにを決めるかというと、「ショックを受けることがダメなんだ」と決めます。

それで、ショックを受けないようにするために、自分のためにルールをつくります。

次から二度と、周りに言わない、というルール。

次から二度と、同じことで傷つかないためのルール。

次から二度と、自分が傷ついていることを知られないためのルール。

次から二度と、恥ずかしい思いをしないためのルール。

かくれ繊細さんがこれらのルールをつくる理由は、人一倍恥ずかしがり屋で、人一倍寂しがり屋で、人一倍構ってほしくて、人一倍愛情を求めているから、です。

だから、「恥ずかしがってはならない」「寂しいと感じてはいけない」「甘えてはいけない」「人から愛をかけてもらおうとしてはいけない」と、自分でつくったルールで自分を縛ります。

ルールで縛らないと、はみ出した感覚を見せて、また恥ずかしい思いをすることになるから、一生懸命ルールをつくってそれで行動を制限していきます。

四、五歳の頃からこうしたルールづくりが始まり、小学四、五年時、中学一年の秋〜中学二年の頃に大きなルールをつくることがわかっています。そして、高校に入るときには、そこまでにつくってきたルールに従って、別の人格をつくりあげます。試してみるのです。

これまでの自分ではなく、そこまでにつくり上げたルール通りの自分を試すのです。

あなたにも、入学と共に別のキャラクターになろうとしたことが、あるのではないでしょうか？　これは、マイルールに沿った人格を試してみていた、ということだったのかもしれません。もちろん一概には言えませんが、多くのかくれ繊細さんが似たような時期に似たような傷をつくり、ルール化で自分を縛っています。

この傷をつくった未完了の出来事を完了させることが、かくれ繊細さんのルールの縛りを緩めてくれます。ルールが緩まると、「まあ、いいじゃん」と思えるようになるのです。それが「根本的な真の課題」の解決に近づきます。

かくれ繊細さんが「まあ、いいじゃん」とルールを緩めることができるためには、そのルールをつくった過去の出来事まで戻って、そのときの自分の本音に気づいてあげることが絶対に必要です。


たとえば、私は、「嘘をついてはいけない」と頑なに信じてきました。

このルールは、世の中のルールでもありますが、私は特にこのことを強く意識していました。その大元になった出来事は、幼児期にありました。

その日、私は親戚の家にいました。二十人ほどの大人と、その子どもたち十人くらいが一堂に会したときのことです。私はなにか嘘をついたのでしょう。小さな子どもの他愛ない嘘が、全員の前でばれたのです。

当時、大きなお座敷の部屋にいた全員が私の方を見ていて、私は冷や汗をかいていました。もちろん、子どもの嘘だからそんなに目くじらをたてるようなことではないのでしょうけれど、私はとても恥ずかしくて、浴室に逃げました。みんなの好奇の目にさらされることが耐えられなくて。そして、風呂おけの中にうずくまりながらブツブツとつぶやいたのです。「もう絶対二度と嘘はつかない」と。

これは、嘘をついたことで恥ずかしい思いをして、そこから編み出した渾身のマイルールでした。そのとき以来、私は、「嘘をつかない」「本当のことしか言わない」ようにしてきました。

これが、傷ついたことでルールをつくった出来事です。

この出来事をどう完了したらよいのか？

「ま、嘘をついてもいっか」と思えるようになるには、その時点であなたが感じていた本当の気持ちを確認するのがいいです。

そのときの気持ちは、「恥ずかしい」「嘘をついた自分が悪い」「逃げ出したい」「取り返しのつかないことをしてしまった」でした。これらが入り混じっています。あと、「惨めだ」もありましたね。

自分の気持ちは、ポジティブなものもネガティブなものも両方湧き上がってくると思いますが、それを全部「感じていたな」と確認してください。

そうしたら次は、「で、本当はどうしてほしかったか？」を見てください。

幼い私がしてほしかったことは、本当は、「嘘をついたことを許してほしかった」「そんな嘘は誰でもつくよ」と親身になってほしかっただけ、でした。

優しくしてほしかったのです。

自分でも恥ずかしいような小さな嘘をついたことを恥ずかしいと思っているのだから、「そうだよね」「嘘つきたくなっちゃうよね」と言ってほしかったのです。

もしそうしてもらえていたら、素直に「嘘ついてごめんなさい」と言うか、あるいは「えへへ」と照れ笑いして終わりにできたんじゃないかと思います。

でも、それを笑われたので、恥ずかしくなって、ルールをつくりました。それからは、そのルール通りに生きようとして自分を縛り続けてきました。

大人になってからの私は、「誇張して話すことを人に見破られること」が怖かったのですが、話を誇張するって、ちょっと嘘ついていることになりますよね。だから、「話を盛ってる」と思われないように、でも、盛って話していました。

それが、過去の出来事を完了してからは、少しずつ自分の誇張も、ちょっとした嘘も、必要だからやっているのだと縛りを緩めて「まいっか」ができるようになりました。

過去を完了すると、ゆっくりゆっくり変化が起こります。

さて、この「マイルールづくり」は、必ずあなたにもあります。

このマイルールづくりをしなければならなかったショックな出来事、傷ついた出来事について書き出していただくのが、「真の課題」解決のための「過去」のカギです。

それは、いつ頃のことでしょうか？

四、五歳ですか？　小学生ですか？　中学時代ですか？　あるいはもっと年が上の頃ですか？
ショックだった、恥ずかしかった出来事を、書き出してみましょう。

おすすめは、中学時代ですが、中学時代の恥ずかしかった出来事があまりにも見るのが辛い場合は、もっと最近のものにしてください。

昔に戻れば戻るほど、根本的な締め付けのきついルールをつくっていて、思い出すのが辛いかもしれないので、「あ、これは無理だな」と思ったらやめておいてくださいね！

あなたはＨＳＰで、とても傷つきやすいから、ワークで傷を増やさないでほしいのです。ゆっくりで大丈夫です。少しずつ取り組んでみてください。


真の課題を解消するための「過去」のワーク

①ショックな出来事を書き出してみましょう
②そのとき、どんな気持ちを感じましたか？「現在の感情」の感情キーワード（1

12ページ）を使って確かめてみましょう

③そのとき、あなたはなにを決めましたか？

④あなたはそのとき、本当は、どうしてほしかったですか？

⑤してほしかったことをしてもらった、と想像してみましょう。そのときの気持ちを確かめて、その気持ちにどっぷりつかってみてください

⑥イメージワークから帰ってきたら、最後は「おしまい」と手をたたいてください。イメージの世界とお別れしてくださいね

ここまで、書き出しワークをしていただきました。が、実はかくれ繊細さんの中には書き出しが苦手、という方たちがいらっしゃいます。

書き出すよりも、自分につぶやく方法でサクサクと自分改革を進めたい方たちで、「つぶやき型」とでもいえばよいでしょうか。つぶやき型の方たちは総じてイメージが豊かで行動力にあふれており、強気な自分と弱い自分が混在していて混乱していることが多いです。エネルギッシュですが、とても焦ってもいます。

あなたの「早く、早く」に周囲の人たちを巻き込みながら生きています。

もしあなたが、まだるっこしいことはしたくない、結論から知りたい！　だから書き出しワークは苦手だ！　というタイプだとしたら、この後の「ぐるぐる思考を止める」ワークを先に習得していただけないでしょうか？

4 「未来」のカギ：未来予測、ぐるぐる思考は止められる

真の課題を解消するための最後のカギは、あなたの頭の中をぐるぐるしているその思考を止める、ということです。

ぐるぐる思考、ありますよね？

起こってもいない未来のことが不安でたまらなくなってぐるぐるしてしまうあれです。

出来事のフラッシュバックが繰り返し起こって、それをどう解決したらよいのかわ

からなくて心配でたまらなくなるあれのことです。

私がぐるぐる思考をどうしても止めたくなったきっかけは、あるママ友からの理不尽な態度でした。なにをしていてもその人の言葉、態度を一日に何度となく思い出してしまい、「頭の中のぐるぐるを止めるには」と検索しまくって解決策を探しました。

でも、検索で出てくる解決策は「仕事や趣味に没頭する」とか、「よいことを考える」とか、「ポジティブな感情を思い出す」とか、「嫌なことを紙に書く」「運動をする」「旅行する」「睡眠をとる」

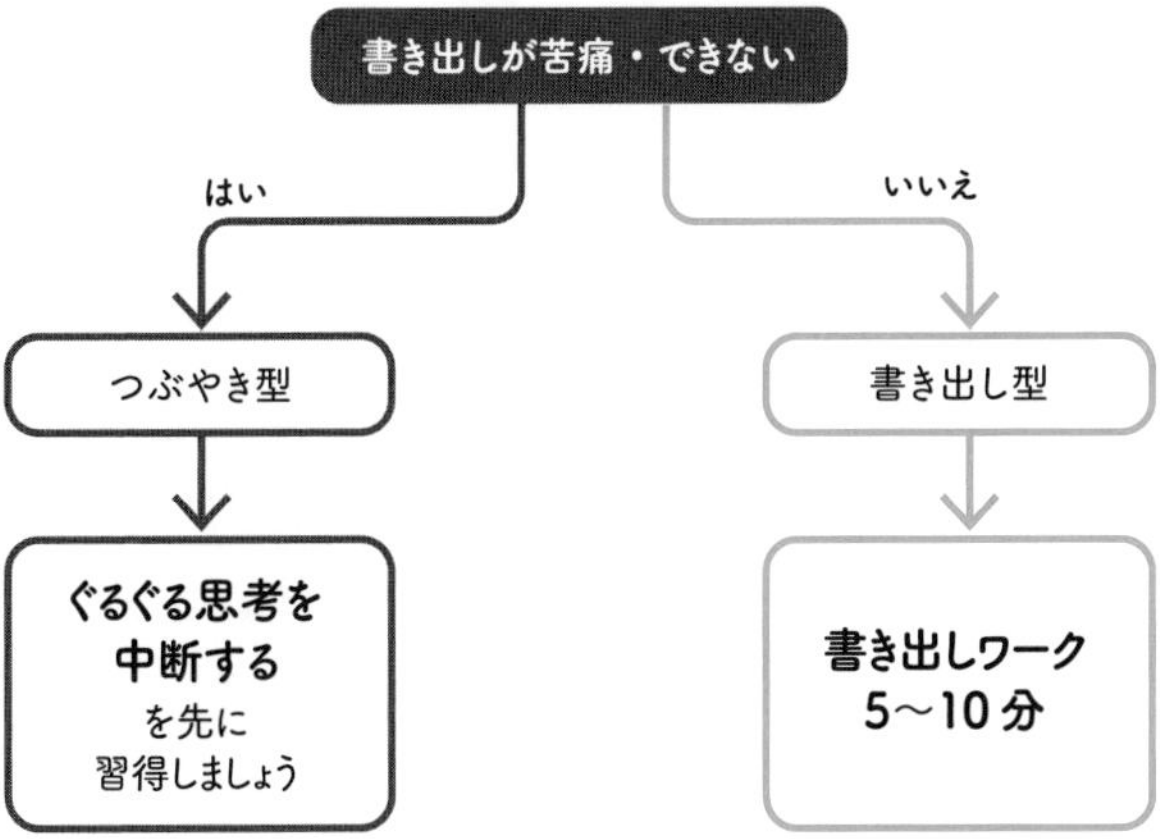

などでした。

要は「忘れちゃえばいいんだよ！」という提案でした。


そうじゃなくて!!

そもそもこの、いつまでもいつまでも頭の中にボコンと出てくる忌まわしい記憶が、出てこなくなるにはどうしたらいいのか？

それを知りたいのに、これらは全部、ぐるぐる思考を止めたことがない人には、できないものばかりで途方にくれました。

「どうやったらこのぐるぐる思考が止められるのーー!?」と必死に探しました。


そこで、たくさんのことを試してみたところ、瞑想が一番止められるとわかりました。ところがです。瞑想がいいとわかったので、かくれ繊細さんにやってみていただこうとしたのですが、かくれ繊細さんは瞑想が苦手なのです。

ぐるぐる思考を止めるとどうなるのかというと、シーンとします。

自分だけになるというのでしょうか。

世の中と自分とが感覚的にいったん分離するのです。

今まで悩んでいたことを、ふっと手放せるので、力が抜けていきます。


すごくいい。ゼロフラットに戻る感じがします。

ゼロフラットって、生まれて以来なかなか感じることはないのですが、そこがゼロフラットだとわかります。


こんなに瞑想がいいのに、習得できないのだったら、かくれ繊細さんができるようにしたらいいと思い、かくれ繊細さん専用の瞑想法を編み出しました。


かくれ繊細さんは、生まれてからずっとぐるぐるし続けているので、「ぐるぐる思考を止めた経験がない」。だから、自分の内側がシーンと静まり返るという感覚がわからない。

それで、このぐるぐる思考が本当は止まるのに、止まると思えなかったのだと、ゼロフラットを体験して初めてわかりました。

未来をぐるぐる不安に思う思考を止める方法は、こちらです。ぜひ一人で安全な場所でやってみてください。

ぐるぐる思考を止める方法

①リラックスしている自分をイメージしてみてください

②リラックスしている自分を、今、どこから見ましたか？

上から？　後ろから？　ナナメ横から？　あるいは、ナナメ上から？

また、リラックスしているあなたをどのくらいの距離から見ましたか？　視点は天井のあたりにありますか？　人一人分くらい離れたところですか？　視点の位置を確定してください。

③イメージの中のあなたは、リラックスしていますか？（はい／いいえ）

④リラックスしていないとしたら、どこがリラックスしていないように見えますか？

顔ですか？　肩ですか？　背中ですか？　首ですか？　足ですか？

⑤リラックスしていない箇所を、あなたがチョンと触ると、その部位から力が抜けてリラックスしていきますので、力が入っている箇所をチョンチョンと触って、イメージの中のあなたから、力を抜いていってください

⑥イメージの中のあなたの全身の力が抜けましたか？　そうしたら、こちら側のあなたをそのイメージの中のあなたの体に滑り込ませて、一体化させてみてください

⑦だいたい一体化したら、呼吸をしながら、両者をなじませてください

⑧なじんだら、意識の焦点を腹の下の方（丹田）に下げてみましょう。完全にでなくても構いません。あなた自身が下がっていく感覚が得られれば大丈夫です

⑨落ち着きますか？　周囲になにもなくなりましたか？　これはあくまでも感覚的なことです

ここが、あなたの自分軸です。いつでもここに戻って来ることができます。いつでもここに戻れるよう、練習してみましょう。

自分軸に戻ると、ぐるぐる思考を止めやすくなります。

いつでもこの自分軸に戻れるようになれば、頭の中のぐるぐるを止めるための解決策である「仕事や趣味に没頭する」とか、「よいことを考える」とか、「ポジティブな感情を思い出す」とか、「嫌なことを紙に書く」「運動をする」「旅行する」「睡眠をとる」などということでも、これまで以上に自分軸に戻るための効果を発揮してくれます。

生きづらさを解消するための「現在のカギ」「過去のカギ」も、圧倒的に効果が上がりやすくなります。

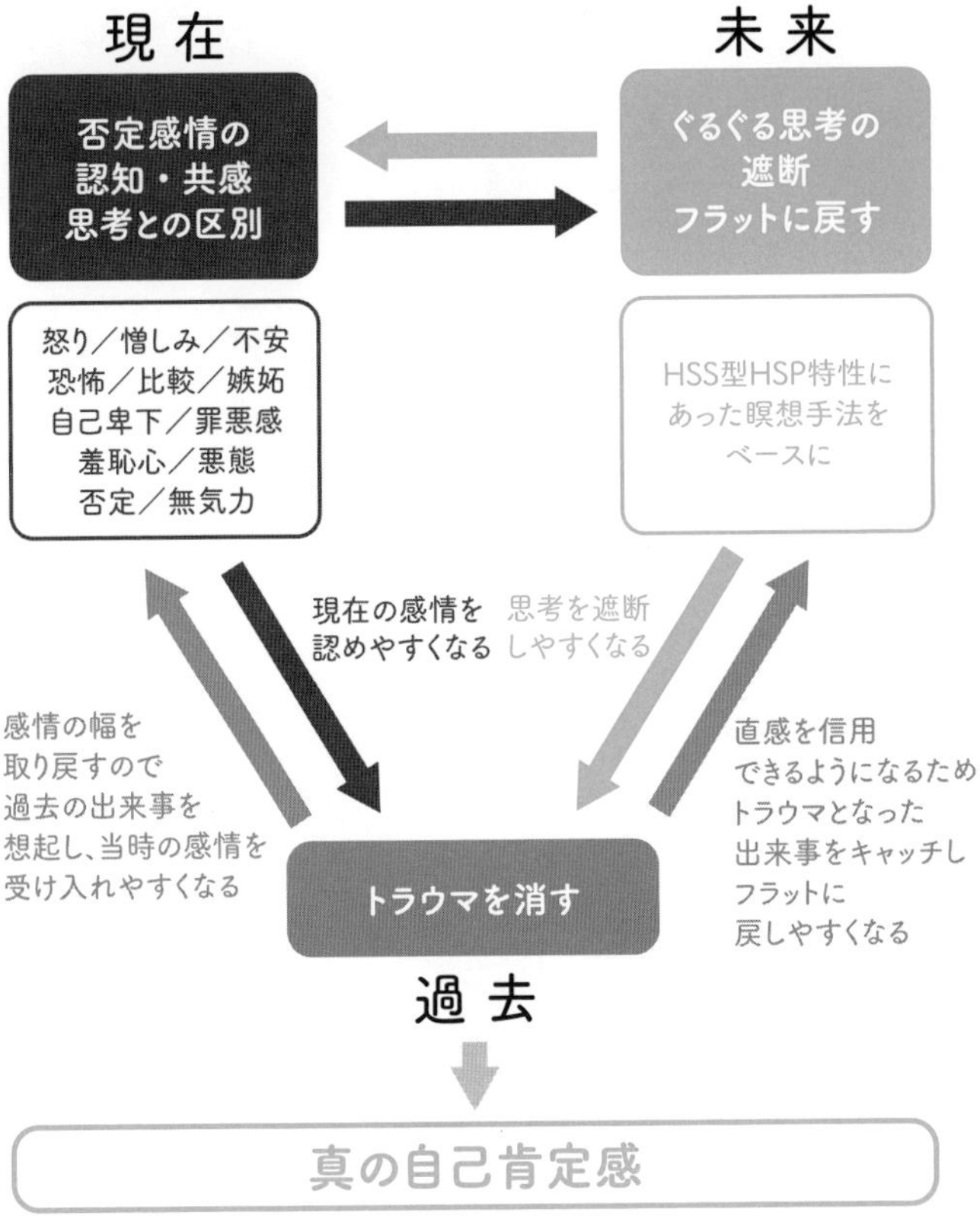
現在
否定感情の
認知・共感
思考との区別
未来
ぐるぐる思考の
遮断
フラットに戻す
怒り／憎しみ／不安
恐怖／比較／嫉妬
自己卑下／罪悪感
羞恥心／悪態
否定／無気力
HSS型HSP特性に
あった瞑想手法を
ベースに
現在の感情を
認めやすくなる
思考を遮断
しやすくなる
感情の幅を
取り戻すので
過去の出来事を
想起し、当時の感情を
受け入れやすくなる
直感を信用
できるようになるため
トラウマとなった
出来事をキャッチし
フラットに
戻しやすくなる
トラウマを消す
過去
真の自己肯定感

第4章

「かくれ繊細さん」と仕事とお金

1 かくれ繊細さんはなにをやってもうまくやれるのに、自信がない

・器用なのに長く続けられない
・最初はいいのに、だんだんうまくできなくなる
・コツをつかむのは早いのに、最初下手だった人に後から抜かれる

あなたは、こんな悔しい思いをしていませんか？
かくれ繊細さんは、勘のよさや、周囲の人の求めることがわかる驚異の観察力と共感力を持っているので、なにをやってもある程度うまくいく人が多い、とわかっています。

習いごと、部活、人付き合い、勉強、仕事……分野ごとに得意不得意はあっても、立ち上がり段階では、人よりうまくできるご自分を不思議に思ったことはあるのでは

ないでしょうか？

「自分は恵まれている方だと思う。得意なことも多いです」

「私はいろんなことに興味があり、海外で働いたり、人とも積極的に関わってきています」

「人とのめぐりあわせは、ありがたいことにとても恵まれていると感じます」

「あれこれと興味の範囲が広くて、ぜんぜん違う分野のことも学びたくてたまらないんです」

そんなふうにおっしゃる方はとても多い。カウンセリングセッションでも、海外に何度も行かれたり、海外で働いていたり、いくつもの資格を持っていたり、事業で成功していたり、大学に入り直したりして、年齢関係なく学び続けている方がとても多いことに驚かされます。かくれ繊細さんは意欲的で、意識が高いです。

ところが、自信がないのです。

こんなにうまくやれるのに。

職場で重宝がられたり、実績を上げられるし、優しいと言われるし、常識的でお客様の前に出せないような危ない対応をすることもない「手硬い人」として期待されるのに、自信がつかない。


「この歳までなにも積み重ねられていないことにがっかりします」

「どんどんメンドクサイと思うことが増えてきました。こんなになにもない人間なんだろうか？　と自信を失っています」

「オドオドしてしまってタイミングを逸してしまって、ダメな人だと思われていると思います」

「人脈がつくれない。初めて会ったときのテンションが二回目以降は保てなくなるんです」

「継続できないのはなんでなんだろう。自分が悪いのでしょうか」


私もずっとそうでした。

器用で、飲み込みが早いんだということは、小学生のときにわかりました。

与えられた時間はたいがい余ってしまうので、余った時間をつぶすのが苦痛だった、なんて、傍から見たら嫌な子どもでした。

仕事でも、そんなに困らないのです。

もちろん頑張らなきゃいけないことはたくさんありましたが、頑張れば成果はついてきました。結果は出るのに、満足できないし、自信にもならない。これには「あれ?」と思いました。

それでも、目の前のことをコツコツ頑張っていれば、いつか自信がつくものなのだろうと思っていましたが、これが、三十五歳になっても四十歳になっても、独立して店を成功させても、講座が満席になっても、資格を取っても、なにをしても自信につながっていかないのですよね。さすがに、焦りました。

「もう人生半分過ぎているのに、このまま死ぬんだろうか?」と。

それまでだって「自信は、頑張っていたらいつかつくものだ」と思っていたので、ずっと走り続けてきたつもりです。会社員から結婚して出産して自営業になって、子育てしながらめいっぱいフル回転で働き続けました。

朝から仕事の仕込みをして、家族のごはんをつくって、夫を送り出して、保育園に子どもたちを連れて行って、また仕込みをして、店を開けて、接客して、リサイクル品を磨いて、ラップして、備品を発注して、撮影して、ネットに上げて、ブログ書いて、飾りつけして、パートさんたちの給与計算をして、ごはんを食べる間もなく接客、品出し、陳列、査定をして、出張査定にも行って、その間ずっと立ちっぱなしで走り回っていて、夕方子どもたちを保育園に迎えに行って、ごはんをつくって食べさせて、お風呂に入れて、明日の準備をして、知育もして、寝かしつけて、そのあとまた仕込みをして、自分のお風呂はパパッと済ませて、寝る（夫は寝た後帰宅）。

どんだけ働くんだと思うくらい猛スピードで働いていて、これ以上ないくらい仕事を詰め込んで、お客様に喜んでもらったのに……自信が持てなかったのです。

いつも、お客様のクレームや、店の運営の仕方に「これでいいのかな」と、びくびくしていました。

値上げしたら、お客様に怒られちゃうんじゃないか？　と想像してしまうので、商品は良心的な価格のままでした。誰にも叱られないように、誰にも嫌な顔をされないように、値段もとても良心的で、とてもサービスのよい店で。そんな店だったからでしょう。とても安くていいものが置いてあると、めちゃくちゃ評判になって、リサイクル品は飛ぶように売れていました。とても愛される店だった理由は、私がどこまでも自信を持てず、お客様の顔色ばかりうかがっている店主だったからだと思います。

そのようにして、いくら身を粉にして働いていても、それでどんなにお客様が増えていっても自分の自信にはつながりませんでした。普通だったら、自信満々で、天狗になっていてもおかしくない状態だったと思います。

この頃の私は、なにをやってもうまくやれるのに自信がない、かくれ繊細さんの代表のような人でした。

2 お金の不安がかくれ繊細さんの自己肯定感を著しく下げる

かくれ繊細さんは基本、いつもひやひや、ドキドキしています。

それが生まれながらに持ち合わせた気質からくるもので、デフォルトです。

ひやひやドキドキして不安。だから、不安を払拭するために頑張るのかもしれません。


お金についても、ひやひや、ドキドキしています。

かくれ繊細さんのお金との関わり方は、人によってすごく極端です。

「お金のことに関わらないように目をふさいで生きてきた」か、「真っ向からお金に立ち向かってお金を安定的に稼ぐことで自分の不安をなくそうとする」かのどちらかに偏りやすい、とセッションでお会いするかくれ繊細さんたちから感じます。

かくれ繊細さんは、今はお金があったとしても、先々のことを考えて「これじゃ足りないかも！」と不安になりやすく、基本、お金に振り回されてしまいがちです。


そんな自分をやめたくて、真逆の人の真似をしたことがあるのではないでしょうか。

お金に対するストレスや不安のないスタンスの方っていらっしゃいますよね。

「お金がなくてもなんとかやっていけるよー」という、のんきな方の真似です。

その真似をしようとしたことが、私もあります。

お金がなくても「平気」と思おうとするのです。でも、できなかったのではないでしょうか？


表面的には、のんきに構えているように見せられます。

でも、内面ではすごい汗だく。

「お金、大丈夫かな。なくならないかな」と今ある収入を必死に守ってしまいます。

次の支払いの算段をしてしまいます。のんびり構えていられないんです。

結局いつもやっているのと同じで、「表」は余裕のあるふり、「裏」はぜんぜん余裕がなくてひやひやドキドキしている自分でした。お金に不安のない人の真似をしてもなんの解決にもならないと思いました。

では、かくれ繊細さんが、お金にひやひやしなくなるなんてことはあるのでしょうか？

結論から言うと、この世に生きている限り、ないと言えます。

ずっとひやひやしてしまう質《たち》なのだろうと思います。

唯一ひやひやしなくなるには、現実にお金を稼ぐしかない。

それも、ある程度使っても大丈夫と思える以上の稼ぎを得ることでしか解決しないようです。

お金に不安があるときとないときの両方を経験したことがある方なら、身に覚えがあるかと思うのですが、かくれ繊細さんはお金がないというだけで、自分に対する信頼感、安心感が大きく変わる人たちです。

お金がない、お金を稼げないということが自己肯定感を著しく下げてしまいます。

それに、かくれ繊細さんはお金の不安がすごく強くて、一定の固定収入がなくなると途端に自分を信用できなくなってしまいます。だから、一定額の固定収入はなるべくなくさないでおいてください。

すべての退路をなくして自分を追い込むことは、一見覚悟を決めるよい手段のように見えますが、かくれ繊細さんには絶対に向きません。

全部を手放した瞬間、収入のなくなる不安でガチガチになり、自分の能力がまったく発揮できなくなる可能性があります。怖くて、柔軟性がなくなってしまうのです。

かくれ繊細さんは、好奇心旺盛であると同時に「怖がりである」ということを忘れないことが大切です。

かくれ繊細さんは、冒険したがり、チャレンジャー、無謀な挑戦者なのに、同時にめちゃくちゃ怖がりなのです。だから、命綱（一定の固定収入）は持っておいてください。

お金という現代のマルチツールがあるだけで、自分への自信は安定します。

お金はとてもわかりやすく、かくれ繊細さんのメンタルを保ってくれるのです。

お金への不安がなくなることで、自分への不安は目に見えてなくなっていき、自己肯定しやすくなっていきます。

ですから、かくれ繊細さんは、お金を稼ぐこと、ためること、増やすことに、本気で、真剣に取り組むべき特性の人たちだと言えると思います。それによって、ほかの才能も発揮しやすくなっていきます。

3 かくれ繊細さんに辛い職場は「圧のある人のいる職場」

ところで、かくれ繊細さんにとってよい仕事とはなにか？　と聞かれることがあります。

かくれ繊細さんの特性から言えば、「はみ出した感受性を表現できる仕事」は、この感性を活かすことができる特別な仕事と言えると思います。

音楽、絵画、書道などの芸術系の職業の方たちのご相談に乗ることもあるのですが、持って生まれた特殊な感受性を、言葉や作品に載せることができる、特殊でかつ才能を発揮させることが収益につながる理想の仕事であると言えます。
また、この分野に限らず、ものをつくるとか、企画する際に、かくれ繊細さんの持つ独特の感性とバランス感覚を活かせるので、芸術以外でもさまざまな職種で、持ち前の才能を活かしていらっしゃる方たちはたくさんいると思います。

逆に向かない仕事はなんでしょう？
同じ作業を淡々と継続する必要のある仕事は、かくれ繊細さんの「飽きやすい」という気質から考えると向かないかもしれません。

工場の流れ作業をしたことがあるかくれ繊細さんは、「一日経たずに飽きました」と話してくれましたが、同じような大きな物流センターで歩いて物を集める仕事をしていたかくれ繊細さんは、運動にもなるし、あまり飽きることもなく、一石二鳥の仕事だったと話してくださいました。また、ガソリンスタンドで働いたことがある方は、かくれ繊細さん向きの仕事だと言っていました。つまり、かくれ繊細さんにとって、目に入る景色が変化しない仕事は向いていないのかもしれませんね。

個人事業主として自営で仕事をするというのは、収入の不安定さという意味ではかくれ繊細さんにあまり向かないのですが、他人に気を遣うことなく運営できるところが向いていると言えます。企業と契約してアドバイスをしたり、コンサルティングをしたりといった働き方をされている方にお話をうかがうことがありますが、個人事業主でありながら企業の力も借りられるこのスタイルは、スキルがあれば推奨したい働き方の一つと言えます。

また、社員として固定収入が一定額あって、さらに副業として自営で仕事をする二足の草鞋スタイルもかくれ繊細さんにおすすめできる働き方です。というのは、固定収入があるので不安も少なくしておけるうえに、かくれ繊細さんの好奇心旺盛なところを自由に生かしながら自己裁量で稼ぐ、という一挙両得な働き方と言えます。今、世の中は、安定的な情勢ではなくなってしまい、一般的には不安な時期かと思います。が、もともと不安定な状況を楽しむことのできる気質であるかくれ繊細さんにとっては、世の中のしがらみや偏見も減ってきている今こそ、自分に合った、より適切な働き方を模索しやすい状況と言えるでしょう。

職種の向き不向きはこのようにあるのですが、どのような仕事であっても、どんなに向いている仕事をしていても、かくれ繊細さんに共通の悩みは、人から受けるネガティブな感情の影響を強く受けてしまうことだと言えると思います。

特にかくれ繊細さんが辛いのは、「圧のある人のいる職場」なのではないかと思われますが、どうでしょうか？

かくれ繊細さんが、生まれながらの「感じ取る力」によって、職場にいる人たちの思惑や心の声を、感じ取ってしまうためです。この感じ取る力は、ささいな変化でもキャッチしてしまいますので、本人が思っている以上に影響を受けています。たとえば、完全に一人のときと、姿は見えないものの、家の中に誰かがいるときとでは、集中度合いが違います。かくれ繊細さんの繊細センサーの感度は、恐ろしく精度が高く、なにか気になることがあるだけでセンサーが反応して集中を欠いてしまいます。

その繊細センサーの感度の高さで、職場の雰囲気や動きの変化を常に無条件で感じ取っているため、穏やかな職場であってもセンサーが反応するわけですが、そこに圧のある人、人に圧をかける人が一人いるとしたら、センサーは簡単に振り切れてしまいます。

かくれ繊細さんが反応しやすいのは、圧のある人以外にも、注目を集めたがる人、支配したがる人です。これらの人たちが職場にいるだけでも「気に障る」のに、その人に叱られて嫌な思いをしている人がいれば、かくれ繊細さんの繊細センサーはずっと振り切れっぱなしになり、穏やかに仕事をすることなどできなくなります。

「静かに仕事をさせて！」「仕事に集中させて！」という怒りが出てきても、そこは職場であり、非繊細さん中心の常識的な世界です。怒りをあらわにすることはできません。そのため、こっそり一人でその怒りを処理するしかなくなります。

かくれ繊細さんと同じように反応している人がほとんどいない中で、一人で余計なエネルギーを吸収して感情がグワングワンになってしまいます。こうなっては、怒りの対処法を知っていてもかなりきついですよね。

かくれ繊細さんは、人が叱られているのを黙ってスルーできないとか、誰かが辛い目にあっているならどうにかしたいと思います。仕事以外の人間関係でストレスをためやすい、などという穏やかなレベルの話では収まりません。無意識のセンサーによって四六時中、圧のある人たちを見張り続けてしまうため、おちおち仕事に集中できないという二次被害も発生してしまいます。

そんなわけで、かくれ繊細さんにとって最も辛い職場は「圧のある人のいる職場」なのではないでしょうか。

4 仕事は四年で飽きることを前提に組み立てよ

あなたは、幼い頃、「大きくなったらなにになる?」と聞かれて、答えられる子どもでしたか?

私は答えられませんでした。

理由の一つは、自分がなりたいと思ったものを言ったら笑われるんじゃないかと思っていたから。かっこいい人と結婚したい、と思っていたのですが、「あなたが？　かっこいい人と結婚できると思ってるの？」と怪訝な顔をされるのが嫌で、その質問をされると別の無難なことを答えて突っ込まれないようにしていました。

私が答えられなかったもう一つの理由は、やってみたいことがたくさんありすぎて絞れないためでした。

マルチポテンシャライトという言葉があるのをご存じですか？

アメリカで2018年頃から出始めた概念で、さまざまなことに興味を持ち、多くのことをクリエイティブに探究する人を指す言葉で、「自分の好きな複数の分野で活躍することができる才能」を持つ人のことです。世の中を見渡せば、「一つのことだけやるべき」という常識がまかり通っている中でこの概念を知ったとき、自分の仕事観、「いろんなことを仕事にしてみたい」を裏打ちされたような気がして、ほっとしました。

かくれ繊細さんは、大きなヤマに取り組んでも、それがある程度達成されてしまうと次のヤマに取り組みたくなる人たちで、複数の違う分野で活躍するマルチポテンシャライトという概念がぴったり該当すると思っています。そして、マルチポテンシャライトであるかくれ繊細さんの、ヤマに取り組む周期は四～六年くらい、と見ています。

四～六年と考えている根拠は、こうです。

かくれ繊細さんが仕事を習得するのは、勘がよいので、とても早いです。
そして、その職場環境に圧のある人が幸いにもいなければ、ほかのことに気を取られることなく気持ちよく仕事を習得していくことでしょう。最初の頃、新しいことばかりで気を張って疲れるでしょうけど、おそらく好奇心の満たされ方に満足しながらどんどん貪欲に仕事をマスターしていきます。

一年目はすべて真新しくて、スポンジにたくさんの水分を吸い込むがごとく、仕事のノウハウを吸収することと思います。大変ですが、めちゃくちゃ楽しい時期です。

二年目は、一年目でやったことがどのくらいやれるか、チャレンジしてみる年です。確かめながら慎重に進めるので、まだまだ楽しい時期です。

三年目は、もうチャレンジではなく、これまでの経験をもとにしっかり回していけるようになっていることでしょう。確認と定着の時期です。

四年目。もはや、チャレンジではなくなってしまっていますので「あ、あれね」という感覚が出てきて少しつまらなくなっています。なので、前年のものをさらに改良して、目新しいものにしたりして変化を加えます。

このあたりで、すでに飽きているのがかくれ繊細さんのペースだと思われます。

頭の中には、「あれ？　これから先も毎年同じことを繰り返すのか？」と単調に年単位で繰り返されるという物足りなさが出てきます。

最初、あんなになにもかも新しくてワクワクすることばかりだったのに、いったん慣れてルーティンになってしまえば、ここから先はもう同じことの繰り返し。

変化を加えるったって、それほどの大きな変化ではなく、マイナーチェンジにすぎない。そんなのおもしろくない……。

このあたりで、大きなパラダイムシフト（配置換えとか、上司の方針が大きく変わるとか）が起こらなければ、「やめたいなー」「つまんないな」という思考回路が折々に出てき始めます。

五年目、「やめていいかな」「これ終わったらやめてもいいかもな」と環境を変えたり転職することがちらちらと頭の中をよぎりながら仕事をこなしていることが増えていき、六年目あたりで、本当に同じことの繰り返しだということにクサクサしてきます。このあたりで引き継ぎして別の職場に移る、異動や転職をします。

実際にお話をうかがっていると、四〜六年、それよりももっと短いスパンでも転職しているかくれ繊細さんは多い。「かくれ繊細さん六年スパン説」は、かなり信憑性が高い説です（もちろん、十年以上同じ職場にいる方もたくさんいらっしゃいます）。

そこで、この六年スパンを逆手にとるのはいかがでしょうか？

もう、六年を大前提にご自身の仕事を建設的にスイッチしたり、スライドさせていくのです。六年、と決めていたら、かくれ繊細さんはもっと「飽きる」ことを恐れずに仕事ができるのではないかと思っています。

たとえば、四年くらいたってそろそろかなと思ったら、自分の代わりになる人材を準備して、自分は別の部署に異動する、などといったやり方です。

これまで、「四年で飽きる」などといったら叱られてしまうから、我慢して何年も同じ仕事を継続してきたと思いますし、「そこでわがまま言えないよ」と本音を押し隠してきていると思います。

長く同じことを、砂をかむような気持ちでやってきたかもしれません。

でも、あなたがかくれ繊細さんで、ある一定の周期で仕事に対する興味を著しく失うとわかったのならば、人に迷惑をかけないように配慮しながら、四〜六年周期で仕事をスライドすることを真剣に考えることは、必要かもしれません。

たとえば、仕事とボランティア、仕事と趣味、仕事と副業、のように分割するというやり方でもよいと思います。一番よいと思うのは、前項でお伝えしたように、本業と、副業の組み合わせです。かくれ繊細さんには金銭的な安心が、とても重要な自己肯定の要素であるということを忘れずにいていただきたいと思います。

5 辛い職場のかくれ繊細さんは心の底からの幸せ探しをすべし

「仕事とお金」の章の最後に、辛い職場にいる繊細さんに対して、エールを送りたいと思います。

職場って、入ってみるまでどんな人たちと一緒に働くことになるのかがまったくわからないですよね。

入ってみて、あなたがエネルギーを持っていかれてしまう人がいる可能性だってあります。かくれ繊細さんにとって転職は、はずしたくない博打のようなものです。

そういう職場で働き続けなければならないかくれ繊細さんの対策を、二つご提案したいと思います。

一つめは、「自分のせいじゃない」と思うことです。

先日カウンセリングセッションに、職場が辛くて抗不安薬を服用するようになり、いつもぼんやりしているというご相談者がみえました。悩みすぎて、考えすぎてしまうのでしょうね。考えすぎないようにしたいのに、薬を飲んでもやはり考えてしまうことに、とても困っていました。途中までは、職場で失敗ばかりしてしまうとか、上司に一時間説教された話とか、職場の上司に相談するタイミングがわからなくてさらに叱られて疎《うと》まれる、という話を暗い顔でされていました。

が、途中で「飲まれている薬の効果でぼんやりしやすいのかもしれませんよ」とお伝えしたところ、「あ、自分のせいじゃないのか」と気がつかれ、そこから急に、生き生きと話し始められたのです。まったく人が変わったような話しっぷりでした。

かくれ繊細さんは、なにかのせいにするのが不得意です。正義感やマイルールが邪魔するのだと思います。それで全部自分のせいだと思って収めようとしてしまいやすい。

自分さえ我慢すれば全部丸く収まるときに、自分でぜんぶ引っかぶってしまいやすいのです。

これまでなにかのせいにすることを口に出すのをためらってきた方には特に、「あ、自分のせいじゃないのか」とつぶやく、あるいは書き出すことが課題を分離するきっかけになることがあります。「職場環境が悪いのは自分のせいじゃない」です。騙されたと思って言ってみてくださいますか？

もう一つは、心の底からの幸せ探しをする、ということです。

このご相談者の方は、後半で、「自分はいろんなことに興味がある」「新しくウェブのことを学んでいる」「介護の資格をとります」と饒舌に楽しそうに話されましたが、セッションで話しながら、「自分が心の底からうれしい、楽しい、幸せだと思えることをやってみてもいいんだな」と気づかれたそうです。

かくれ繊細さんの好きなことは、一般的な娯楽とは違うのが普通です。

たとえば、一般的な娯楽と言ったら、温泉、旅行、パーティ、マッサージ、カラオケなどを指すと思うのですが、かくれ繊細さんの娯楽は「興味の赴くままに調べる」とか、「学ぶ」「情報収集する」などのいわゆる「知識欲を満たす系」だったりしませんか？

先のご相談者さんも、新しく学びたいことを話されているときは、めちゃくちゃ生き生きとしていらっしゃいました。

新しいことを学んで自分を満たしている時間がなによりの喜びで、かくれ繊細さんの心の底からの幸せにつながるのです。

でも、それって、一般的な観点でいったら「勉強好きな変人」です。だから、かくれ繊細さんが本当に心の底から幸せだと感じることは、ひそかに行うというルールを設ける必要はあるかもしれません。

とはいえ、自分がなにをして喜ぶのか、本当はなにが好きなのかに注意を向けるということは、辛い職場で働き続けなければならないかくれ繊細さんには、心のオアシスになるはずです。

また、可能であれば、そうした心のオアシスをＳＮＳを使って発信するというのもよい方法です。自分が好きだと思うことをＳＮＳにアップすることで、自身の繊細さを認め、自己受容を促します。

実際に、この気質に気づき、インスタグラムにご自身の「あ、いいな」と思ったものをアップし始めた方がいらっしゃいました。この方は、「純粋に趣味や嗜好が同じ方から承認がもらえるのがうれしい」「こんなことでもいいと言ってくれる人がいるんだ」と、自分の本来好きだと思っていることを受け入れられた喜びが半端ない、と教えてくださいました。

ただ、ＳＮＳをやるにあたっては、あくまでもストレスの発生しない回数、範囲で行ってくださいね。無理に投稿しない、というルールも、真面目なかくれ繊細さんにとってはあらかじめ決めておいた方がよいことかもしれません。

また、職場にエネルギーを持っていかれてしまう人がいる場合は、第5章「かくれ繊細さんと人間関係」を確認してください。

第5章

「かくれ繊細さん」と人間関係

かくれ繊細さんは人間関係がうまくいかないとき、全部がうまくいかないように感じます。

でも、かくれ繊細さんが生きていて本当によかったと思うのも人間関係からです。

この章では、かくれ繊細さんの人間関係について、多角的にお伝えしてみたいと思います。

1 かくれ繊細さんは実は人間関係をつくるのがうまい

かくれ繊細さんは、とても感じのよい人たちが多いです。

人を嫌な気持ちにさせない天才。

それがかくれ繊細さんです。

わざとらしくもなく、嫌みでもなく、頑張っていい感じでいようとしているわけではなく自然にいい感じの人でいられる。力みもなく、感情表現も自然で押し付けがましくもなく、なによりも人を嫌な気持ちにさせない人たち、だといったらほめすぎでしょうか。

たとえば、街中を歩いていてまったく知らない人なのに気分を害する表情の人が歩いています。

不満そうな表情や不遜な表情の人を見ると、自然と不愉快な気持ちになりますが、かくれ繊細さんはこうした、人の気分を悪くさせる表情や話し方をしないように自然と常に観察して気を付けるのが習性のようになっていると思います。

たくさんのかくれ繊細さんたちにお会いしてきましたが、とても気持ちのよい接し方をする方たちです。

かくれ繊細さんは、表情だけでなく使う言葉、挨拶の仕方、謙遜の仕方、お礼の言い方、お辞儀の角度など、あらゆる面から「人の気分を害さないよう」に注意を払って人付き合いの経験を積み重ねてきたのだろうな……と唸ります。

服装や化粧の仕方や髪形にだって、きっと人の気分を害さないように気を配っています。

そういえば、かつてかくれ繊細さんから、

「時田さんは自分と同じ声の出し方をする人だと思いました。同じ声の出し方をする人に初めて会いました」と言われたことがありました。なるほど、声の出し方にまで注意を払っているのかもしれないと思いました。そう言われれば、威圧的にならないように、丸い声を出すように気を付けているかも。

人からどう見られるかを基準にしているため、どこまでも忖度している自分を発見して笑ってしまうことがあります。

きっと嫌だろうな、と思うあまり、人が注意されている場面からは目をそらします。道を歩いていても、青信号に気づかずに後ろの車から短いクラクションを鳴らされている車の運転手を見ないようにしてしまいます。

恥ずかしい思いをしているところに、通行人にじろじろ見られたら私だったら身が縮まる気がするから、だから見ないでおいてあげよう、という選択を自然にしながら歩いている自分に気づくと、「そこまで気を使っているのか」と苦笑いしてしまいます。

レストランで食べ終わったお皿を重ねておいた方がいいんだろうか、裏側が汚れるからそのままの方がいいんだろうか、店員さんが嫌だと思うのはどちらか？　と、毎回ちょっと考えます。

そのように、自分がどうであったらよいかを細部にわたって気を付けているので、人との付き合い方にはことさら気を使っていると思います。

あるかくれ繊細さんは、「とにかく人から妬まれないように気を付け続けていた」とセッション中に気がつきました。ほんの三～四歳の頃から姉妹の妬みを買わないようにして、生きてきたのです。

きっと、妬まれないように姉妹に好きな色を譲ったり、わざと好きじゃない方を選んだり、ほしいものを我慢したこともあったのではないでしょうか。

私は七五三の着物の色が緑色でした。

これは、祖母が緑色を推していたからで、当時、人並みに女の子の色が好きだったけれども「赤がいい」とは言えなかった記憶があります。確かに、緑色の着物は大人の女性にはとても受けがよくてとてもほめられましたが、若干五、六歳で、祖母を始め、周りの大人たちが機嫌よくいてくれることを優先させたのかもしれません。

それもこれも、人に嫌な思いをさせないように、という目的のためにです。

かくれ繊細さんは、**自分が本来ほしいものを他人の顔色を見て手放し続けてきた人たち**だと言えるのかもしれません。

手放して、なにが手に入ったか？

うん。それは、もう、**誰にも嫌われないくらいの人付き合いのうまさ**、です。

かくれ繊細さんの人間関係構築力は、欲望をなげうって手に入れた勲章のようなスキルだ、と言えるのではないでしょうか？

人の気持ちを害さないようにすることに注意を向けて生きてきたかくれ繊細さんは、実は人間関係をつくるのがとてもうまいのです。

どうでしょう？

2 かくれ繊細さんが人間関係を維持するために「ひとり言」が使える

かくれ繊細さんは、人間関係でどんな悩みを抱えるかというと……

・上司との関係が悩み。上司の機嫌が悪くなると全部がうまくいかなくなります

・仕事でミスしたときに嫌みを言われたり、雰囲気が悪くなると固まってしまいます

・人の前で話すときのドキドキをどうにかしたい。ちょっとした小さな会議や、子どもの保護者会で話すときでさえ、ドキドキして自信がない。なぜみんなあんなに堂々と話せるのでしょうか

・人を怒らせたと思うと、ひたすら謝ってしまいます

・なにをするにも愚痴を言うくせに、自分はポジティブだと信じ込んでいる友達

がいます。ほかの子たちはあまり気にならないようで、自分だけがモヤモヤしているのはとても心が狭い人みたいで、それにもモヤモヤします

・子どもに怒鳴ってしまい辛いです。非繊細さんの夫はまったく気にならないようなので、自分の辛さを夫に話してもぜんぜんわかってもらえない

・職場の女性に無視されます。自分にも非があると思うので、オドオドしてしまいます。今後どうしたらいいかわかりません

・一見、誰とでも明るく仲良くやっているように見えるので、誰もそうは思っていないと思うけど、本当はネクラです。今さら明るい自分をやめるわけにもいかない。もう、自分は誰にも理解してもらうことはできないと思います

・職場に高圧的な人が一人いるだけで、ものすごく消耗してしまいます

・社内ルールを守れない人や、怒りをあらわにする人が嫌いで、顔も見たくなくなります。自分に怒ってくるわけではないのに。そういうふうに考える自分がダメなんですよね？

人間関係の悩みは人によってさまざま。

ですが、かくれ繊細さんの根本にある人間関係の悩みは同じところからきています。

そして、かくれ繊細さんが人間関係を維持するために「ひとり言」が使えます。

かくれ繊細さんは、**建設的なひとり言が圧倒的に足りていない**のです。

①に書きましたが、そもそもかくれ繊細さんはとても人間関係の構築が上手です。嫌な感じになりようがないくらい気を使って、自然に「いい感じの人」をつくり出せます。

よく睡眠がとれて、疲れていないときは特に、いい感じにできます。

だから、人間関係が維持できない、と悩むのは、そもそもの人間関係構築力の問題ではありません。その人間関係を維持するための、自分の心の動きをどう扱ってよいかわからないことにあります。

ここで、かくれ繊細さんの陥りがちな誤った思い込みが、

・心の中で思ったことは、人にばれてしまうものだ

・だから、心の中で人に対する悪いことは思ってはいけない

というものです。

あなたは、心の中で人に悪いこと（人へのいじわるな気持ちや上から目線で下に見たりする）を思ったら、周囲の人に気づかれてしまうと思っていませんか？

もし、そう思っていたとしたら、これはおおむね間違いです。

ある程度、人間関係の修練を積んできた大人のかくれ繊細さんであれば、非繊細さんに見破られるようなことはありません。あなたが人に意地悪な気持ちになったり、人を馬鹿にするような気持ちになったからといって、それがおいそれとばれることはありません。

無表情や、笑ってごまかすことでしのげるはずです。

もう一度言います。**心の中で思ったことは、人にはばれません。**

だから改めて、ご提案させていただきたいことは、心の中で今、なにを思ったかに、気づき始めてみていただきたい、ということです。

その、自分が今、なにを思ったのかに気づくのに、「ひとり言」が効果的なのです。

たとえば、私はひとり言をかなり言うようにしています。

もちろんひとり言なので、人には聞かれないように気をつけて言うようにしています。

どんなひとり言を言うかというと、「人に言えないことを考えた、ということに共感する」ということです。

たとえばですよ……。

スーパーの食品売り場などはそれほど広くないのに、広がって歩いている人たちがいたとします。ええ……いらっとしますね。

そのとき、「なんだよ、邪魔だよ」と思うと思います。

が、それだけでは、人間関係を維持するための建設的なひとり言とは言えません。

「邪魔だよ！　どけよ！　……と思ってるのだねぇ。怒ってるねぇ」

というところまで言えて初めて、共感的なひとり言になります。

言い放ってはダメなのです。

言い放つだけだと、イライラを増幅させてしまいます。

このひとり言は、人間関係に差し障る自分の感情を消化するためのひとり言なので、建設的な言い方をしてみてください。


その言い方をしたとき、自分の視野が変わる、あるいは体から力が抜ける、という体の感覚が生まれたならば、「共感的ひとり言によるざらっとした感情の消化」が完了します！


ここで言うひとり言は、表面上の人間関係を維持するためのものです。

表面上はなにも変えてはいけません。表面的ないい人は継続することが前提で、自分の中だけでひとり言によって感情を完結させるのです。

スーパーの通路でイラッとしても、私の態度はふわっとした雰囲気でそこにいます。

イライラつんつんしてその人たちに「ふん！」と言うこともできますが、これをやると、自分の態度にがっかりしてしまって、消えなくなってしまいます。

だから、ひとり言をつぶやいて心の中のざらっとした違和感を解消しつつ、表面上はこれまで通り、優しくて丸い声を出します。


あるかくれ繊細さんに、最近の様子を聞いてみたところ、ひとり言についてこんな話をしてくださいました。


「自分には、『嘆く習慣』がなかったことが、辛さを解消できなかった理由だったと思います。腹を立てたり、悲しんだりしたら、もっと悪い事情を引き寄せてしまうのではないかと思って、怖くてできませんでした。

言う前に、自分が本当はなにを感じているのか、認識する間もなく、高速処理で無自覚に溜め込んでいた感じです。

今は、割とその都度消化できているので、以前のような原因不明の憂うつ状態はほぼなくなりました」

度、タイミング）を直そうとして四苦八苦してしまうようです。

私もかくれ繊細さん一筋五十年なので、正直言って非繊細さんの感覚をバシッとお知らせすることはできないのですが、さまざま見てきて一番よいのは、非繊細さんのやり方、頻度、タイミングをそっくりそのままパクるというのが、ベストだと思っています。

非繊細さんの人付き合いの方法をそのままパクるんです。
非繊細さんのタイミングや声のかけ方をそのままなぞる。

非繊細さんの人との距離感の常識でわかりやすいのは、冠婚葬祭です。
かくれ繊細さんは、基本的には、大勢で祝ったり、熱烈に残念がったり、悲しんだりするのが苦手です。ですが、一般にはそうではないですよね。寄ってたかって祝ったり、悲しんだりしますし、それが常識になっています。
かくれ繊細さん的な感覚で言えば、お祝いはその人がよいと思ったものをじっくり聞いてから本当に喜んでくださるものを贈りたいですし、お悔やみの言葉なども心から思うことを伝えたい。

ですが、そこで自分の感覚を出してしまうと非常識でわかっていない人とみなされてしまいます。なのでパクります。一般の常識を模倣する。

冠婚葬祭や贈答品などで言えば、「定型」を使います。

定型とは、まさに「常識からはみ出していないものの典型例」なので、はみ出しまくっているかくれ繊細さんにとっては、常識に合わせるためのうってつけのツールです。

父が亡くなったとき、私は喪主でしたが、常識力が試される体験をしました。かくれ繊細さん的オリジナリティを出すのは危険だと痛いほどわかっていたので、葬儀屋さんの言う通りに動きました。そうしておけば、「あの人は変な人だ」と言われて傷つくことからまぬがれるからです。距離感について悩むこともぐっと減ります。

かくれ繊細さんは非繊細さんの感覚と違う。

これが、かくれ繊細さんは人との距離感がわからなくて辛い理由です。

傷つきやすい自分を守るために、おかしな人、変わった人だと言われないことが大切です。そのためには、マニュアルを使う、非繊細さんの行動を真似るのが無難です。

すみません、無難な内容で（笑）。

4 かくれ繊細さんは自己肯定感が低くて辛い

どうやら非繊細さんの自己肯定感と、かくれ繊細さんの自己肯定感は違うようです。

そこでかくれ繊細さんにとっての自己肯定とは？　を、まず確認しておきたいと思います。


かくれ繊細さんにとって自己肯定とは、一般の人たちの常識的な感覚からはみ出た部分をも、「自分にはそういうところがある」と受け入れられている状態、のことを指します。

「自分の感覚を、自分が承知している状態」で、非繊細さんには理解されない自分をも丸ごと認めることであり、「これも自分なのだな」と思えている、ということですね。

それに対して一般的な自己肯定感とは、「自分が自分であることに満足して、価値ある存在として受け入れられること」で、たとえ失敗をしたり、うまくいかなかったりしても状況を肯定的に捉えて自分を許せるということを指します。「大らかでいられる状態」を指すようです。

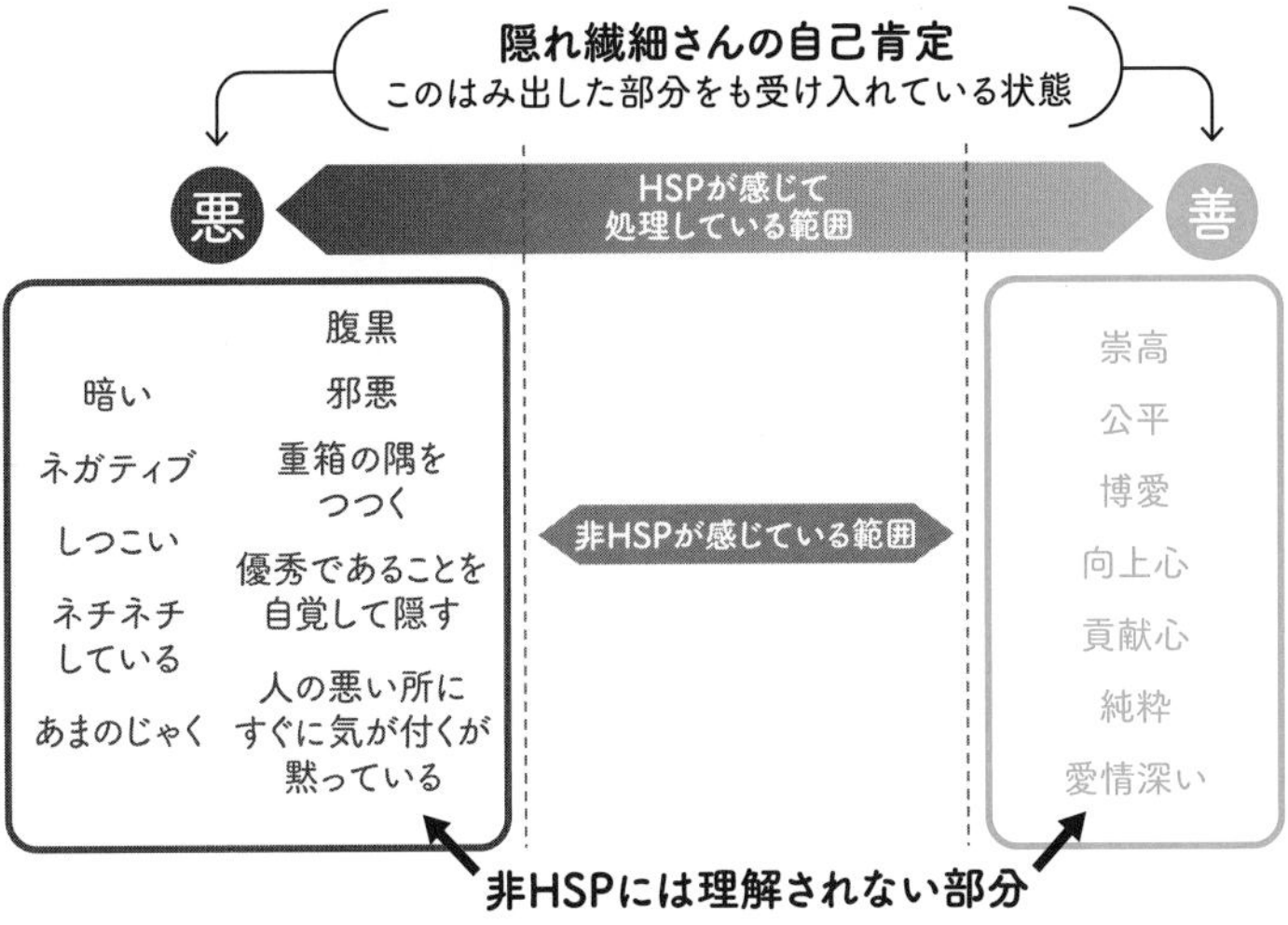

大きな違いとして、かくれ繊細さんの自己肯定感は、「自分を否定しない淡々とした様子」であるのに対して、一般的な定義での自己肯定感は、その状態であることを「すばらしい」「よい状態」と位置付けている、と言えそうです。

そもそもかくれ繊細さんは、「否定したい部分を隠す」というややこしいことをしなければならないため、自己肯定の定義も非繊細さんと違ってきてしまうのではないかな、と思います。

印象として、非繊細さんの自己肯定はなんだか華々しいです。対して、かくれ繊細さんの自己肯定は妙に落ち着いた印象です。印象はとても控えめではありますが、自分を否定しない状態を手に入れると、生きてよかったと思われますよ、きっと。

さて、かくれ繊細さんは自己肯定感が低くて人間関係においても辛い、ということについてみてみましょう。

自己肯定感が低い（自分を丸ごと認められていない）ことが人間関係を円滑に構築維持

することにどんな影響が出るのでしょうか。

まず、かくれ繊細さんが、どんな経過を経て自己肯定感を下げていくのかというと、「変な子」「変な人」と思われるところからなのです。

事例として、かくれ繊細さんのYさんが大学生のときの話をさせてください。

Yさんが大学のゼミで合宿に行き、自由時間に女友達と三人で散歩していたら、知らない男の人たちが話しかけてきました。

「どこから来たの?」と話しかけられて、Yさんは「〇〇県です」と答えたそうです。

それを見た女友達が、「え? なに言ってんの?」と、男の人たちと話し続けようとしたYさんをひきとめたそうです。

女友達からしてみたらナンパだと一目瞭然なわけですが、Yさんは相手が普通のトーンで聞いてきたので悪いことだとは思わなかったそうです。

むしろ、聞かれているのに答えないほうが悪いことのように感じて返事をしたら、「普通の感覚とのズレ」が出てしまった。

一般の女子学生からしてみたら「Yは変わってる」と思ったことでしょう。「私たちとは違う」と思われただろうなぁ、と容易に想定できます。

そうなると、「Yは私たちとは感覚が違うから」と特段悪いことをしている意識なく、だんだん距離ができ、ランチに誘われなくなったり、遊びに行くときにメンバーから自然に外れていったりします。これは寂しいですし、惨めでもあります。だからなんとか仲間に入ろうとして今度は、ありのままの自分を否定し始めるのです。

「変」「感覚が違う」と思われないようにしなきゃ。

「今のままではダメだ」「自分は変わってるんだから」「変えなきゃ」「みんなに合わせなきゃ」と、両端のはみ出した部分を隠し始める。

かくれ繊細さんの自己肯定感が低くなり始めるのは、ここです。

周囲の目が気になり、自分の変わった部分（はみ出した部分）を隠し始めるところから、自分を丸ごと肯定できなくなっていくのです。

あなたが自己肯定感を手放したのは、いつ頃でしょうか。

私はもっとずっと小さい頃だったと記憶しています。

こうして生まれた自己肯定感の低さは、その後も人間関係に影響を及ぼし続けます。

周囲の目が気になって、周囲から逸脱しないようにしながら生きているかくれ繊細さんの人生は、常に緊張状態です。人目があるところでは、常に気が抜けなくて辛い。

たとえば、私は、とてもガサツで、若い頃は特に常識があまりなかったのですが、育った家庭環境のせいだと思っていました。その一方でそのこと（常に不安定な家庭環境だったことと、常識がないこと、ガサツであること）を誰かに指摘されるのをとても恐れていました。

自分の気にしていることを言われないように、内心いつも警戒していたのですが、それはふとした瞬間にやってきます。

今でもたまに思い出す出来事なのですが、会社員時代にわいわいとテニスの合宿に行ったときのことです。

お昼ご飯におにぎりをつくることになり、女性陣が、桶の白米をしゃもじで手に取って、各自三角に握ることになりました。

私はそのとき指に絆創膏をしていました。

いざおにぎりを握ろうとしたら、その絆創膏のことを指摘されたのです。

「おにぎり握るときは、絆創膏はちょっと……」と。

恥ずかしい。穴があったら入りたいくらい恥ずかしかったです。

他人から見たら、ただ絆創膏をはずせばよいだけで、なんでもないことのように思うでしょうけれど、私にとっては「常識がない人だよね」と言われているのと同じに聞こえてしまったのです。

私にとっては、認めたくない、見られたくない部分を暗に見抜かれたような気がしてしまった。

そこから私は縮こまるしかなく、テニス合宿中、「ああ、私がガサツで非常識な人間だってみんなにばれてしまったに違いない」とひたすらびくびくしていました。もちろん、表面上は堂々となにも気にしていないようにしていましたが。

これは、とても疲れます。

自分が隠したい部分を見せたら、みんなが引くとわかっているので、二十四時間気が抜けません。

もしこのとき、自分の弱点を含めてまるっと自分を肯定していたならば、きっと「ああ、ガサツなのがまた出ちゃいましたね」「育ちの悪さがばれましたね……」などと自分の弱点を言葉にすることで、終わりにできていたのではないか、と思います。

ありのまま弱点だと思っていることも、場の空気を崩さないように陽気に言ってしまうことができていたなら。びくびくすることも、オドオドすることもなかったし、緊張度合いももっと低かったことでしょう。

かくれ繊細さんの人間関係への自己肯定感の影響は、心当たりがあるのではないかと思いますが、いかがでしょうか？

誰か人といるときでも、自己肯定感があれば、緊張から解放されてとてものびのびとしていられる可能性はあります。

かくれ繊細さんが自己肯定できたら、もっとシンプルに人と付き合えます。

その可能性を感じ取っていただけたでしょうか？

自分の弱点を知ること、認めることが、かくれ繊細さんが自分を丸ごと受け入れ、自己肯定できている状態です。

5 かくれ繊細さんが人間関係でつまずく「かくれ繊細さんマウンター」の存在

かくれ繊細さんは、直感が鋭くて、意識していない深いところでいろんなものを感じ取っている人たちだと思うのですが、そんなかくれ繊細さんは、優しくて他人を批判することに抵抗感が強いことが多いので、人に対して「怖い」と思う感情は封印してしまいがちです。

実は、その「人に対する批判、否定をしない」という優しさに付け込まれてマウントされてしまうことがあります。

それが、ここでお話しする「かくれ繊細さんマウンター」という存在です。

かくれ繊細さんマウンターの特徴は、一見いい人なことです。

話も上手だし、周囲への気遣いもあって、外見も魅力的です。

さらに、盛り上げ上手でその場の雰囲気を華やかにするのも得意です。

でも、後から思い出すとなんかちょっと怖い感じがするかも……という場合が多いです。

お会いしてお話ししているときは感じないのに、思い出すと怖い、というところがポイントです。目の前にいるときは気が付けなくても、かくれ繊細さんは意識していない深いところで色々なことを感じ取っているので、その人のことをふと思い出したとき、その残り香に「ゾッ」とする感じが残るのです。

とはいえ、思い出してゾッとしても、「いやいや、この人はみんなに好かれているし、いい人だから、きっと自分の思い違いだ」と即座に打ち消してしまうのが普通です。かくれ繊細さんは直感が優れているのに、自分の直感を「はみ出したもの」と感じているので、信じませんよね。それで、ゾッとした感覚も破棄してしまいがちです。

このゾッとした感覚、実はちゃんと機能しています。

でもせっかく感じ取った怖さを「そんなはずないない」と打ち消してしまっているのも、なんとなくお見通しのようで、打ち消しているのを見越して感覚的にマウントしてきているのかもしれません。

そうです、この人たちは直感が鋭いんです。その点では、かくれ繊細さんに少し似ています。

どのようにマウントするか、についても大体わかっています。かくれ繊細さんの悩みを聞いていると、全国どこでもマジで手口が同じ！　笑えるくらい、どこのかくれ繊細さんマウンターも、まったく同様のやり方でかくれ繊細さんたちを窮地に陥れてきています。

今からそのやり方を公開しますので、メモのご用意を！（笑）

かくれ繊細さんマウンターは、かくれ繊細さんに近づいてきては弱点を握ります。かくれ繊細さんの弱点は、「人と違うことを恥ずかしいと思っている」ということだったり、「人と強くつながりたいと思っているが、仲間が少なくてなかなか深い人間関係がつくれなくて寂しいと思っていることを見破られたくない」という気持ちだったり、あるいは「自分には力があると知っているが、そう思っていることを知られたくない」という誤解されることへの恐怖だったり、「人の弱点がすぐに見抜けるが、そのことは知られないように慎重にふるまっている」ということだったり、です。

あなたの中にも、絶対に人には知られたくないこのような思いがあるかと思います。

そう、これらの思いがあることを知っていて、言質《げんち》をとろうとしてきます。

それが、かくれ繊細さんマウンティングの始まりです。


セッションで、人間関係の悩みが出てくるとき、必ずと言っていいほどこのかくれ繊細さんマウンターが潜んでいます。そして、まったく同じやり方でまんまと仕掛けにハマってしまうのです。


その最初の手口がこの、「知られたくないことを知られてしまう」「証拠を握られる」から始まります。

これは、仲間のふりをして、ノリで言わされることもありますし、「ふたりだけのヒミツだよ」という心躍る提案として言わされたりしますので、本当に注意してください。

大勢の中からその方に個人的にお茶に誘われるとか、急に電話がかかってきて職場の愚痴を聞いてよ、という流れから「あなたも〇〇さんのこと、嫌いなんじゃないかなって思って」などと、先鞭をつけられることによって、するっと引き出されてしまいます。たいがい、二人になったときです。

たとえば私が「私もあんまり上司の○○さんのことは得意じゃなくて……」などと言ったとしましょう。

それがかくれ繊細さんマウンターの口からほかの人の耳に伝わったときには、「時田さんて、○○さんのこと気持ち悪いとか言うらしいよ」のように都合よく加工されてしまいます。

しかもそれは、別の人から聞いたことになっており、自分には関わりのないことのように噂話にされていきます。

あとはかくれ繊細さんマウンターは蚊帳の外から、時田さんがつまはじきにされるのを、ただ観察しているだけです。それだけで、ターゲットの時田さんがどんどん仲間外れにされて立場が悪くなっていくのです。

仕掛けがすごい！

となれば、普通は時田さんが反論すればよさそうなものです。

が、当の時田さんはかくれ繊細さんです。人の悪口を言うなんて、卑怯な真似はできない。やらないと決めてしまっているような人です。

自分で決めたマイルールを破らないので、かくれ繊細さんマウンターはどんどん勢力を拡大していきます。

かくれ繊細さんは、「言いたい人には言わせておけばいい」と涼しい顔をしつつも、繊細なので大変に傷ついて、気持ちはボロボロになっていきます。自滅の道まっしぐらですよね。

かくれ繊細さんマウンターはこのようにして、かくれ繊細さんを自滅の道に追い込むことができます。どうやらそれは、自分が一番上に立つことや、人を支配することが目的のようです。かくれ繊細さんのような存在が目障りなのかもしれません。

自分が一番上に立つ。

全員を自分の支配下に置く。

それが、かくれ繊細さんマウンターたちの目的です。

なぜ、そんなことをするのかって？

わかりません。生まれながらにそうインプットされているのではないでしょうか。

かくれ繊細さんが、繊細で傷つきやすく、同時に好奇心旺盛であることを生まれながらに持っているように。

6 なぜ、人付き合いの才能のあるかくれ繊細さんがマウンティングされるのか？

かくれ繊細さんは、人付き合いの才能があって、どんな人ともうまく付き合えそうなものですが、なぜ、かくれ繊細さんマウンターにマウンティングされてしまうのでしょうか？

それは、かくれ繊細さんにマウントすることが、自分が優れていることを示すために有効だからだと思われます。

かくれ繊細さんは全体の利益を考えて支えるという志向性の方が多く、しっかりとやるべきことを全うするため、目立たなくても人望があります。

すべての人から支持されたいマウンターからしてみたら、自分が最も支持されてしかるべきなのに、人望が自分以外の人に流れていくのを黙ってみているわけにはいきません。

その人望のある人よりも、自分が上であると示す必要が出てきます。

人望のある人よりも有能であることを示せれば、すべての人からの支持を得られるからです。

また、かくれ繊細さんが流行が嫌いだったり、みんなと同じことをしたがらないというところも目障りなのかもしれません。

非繊細さんは、人の上に立つ風格のあるかくれ繊細さんマウンターを、優れた人であると認めてくれます。華もあり、話術にもたけていて、さらには自信もある。上に立つことに抵抗がないから、その存在を承認してくれます。

でも、同じように直感に優れたかくれ繊細さんたちは、マウンターが人の上に立ち、支配しようとしていることになんとなく気づいてしまうようです。

独自の観察眼、洞察力を持っていて、好きか嫌いか、いいか悪いか、優れているかいないかをわりとさらっと見抜いてしまうという生まれ持ったバランス感覚と直感力で、その人のやることをどこか「ああ、そういうことね」と達観してしまうようなところがあります。それが目障りなのかも。

それに、他人が「いい」と言ったからと言って、簡単には乗らない頑固なところがかくれ繊細さんにはあります。みんながよいと言っているのを簡単には信用しない、という頑固さも、きっとマウンターからは目障り。

この三点が、かくれ繊細さんが人付き合いの高いスキルをもってしても、マウントターゲットにされやすい主な理由ではないかと思っています。

それでも、かくれ繊細さんマウンターだって、一足飛びにめいっぱいマウントの舵を切るわけではないようです。少しずつ仕掛けてみて様子を見るようではあります。

マウント行動をしてみて、かくれ繊細さんが傷ついたり動揺したりと反応が大きいことがわかると、マウント行動を加速させます。

また、かくれ繊細さんが仕返しや反撃、反論をしないので、「意外にたやすい」と感じさせてしまうことが、さらに強烈なマウントをされる布石になっているのかもしれません。

いずれにしても、かくれ繊細さんマウンターから弱みにつけこまれた結果、かくれ繊細さんがなんらかの窮地に陥ってしまうことは本当によくあります。

「みんなが普通に、なんの気なしにできることで、自分にはできないことが色々とある。みんなが普通はしないようなミスを、自分はすることがある。自分にはなにか決定的な欠陥がある」という恐怖と劣等感がかくれ繊細さんにはあります。

それをないことにしようとする、という間隙を突いてくるのです。

かくれ繊細さんマウンターからしてみたら、その弱みにつけこみやすいのでしょう。

なので、かくれ繊細さんは、**自分の弱みの自覚が必要**です。
その自覚が、「自分の痛いところを狙って突いてくる怖い人が現れる」という現実を生み出しづらくしてくれます。

7 ポーカーフェイスと「のれんに腕押し」的対応で、マウンティングから逃げる

かくれ繊細さんマウンターによる、あからさまに辛い当たられ方や、攻撃的な態度、無視、周囲へのあることないことの吹聴などを継続的にされている場合、どうしたらよいでしょうか？

最初に思いつくのは、上司に掛け合うとか、その人のことをバツンと切って無視するとか、心の中で思いっきり軽蔑するとか、気にしないようにつとめる、といったところですが、このようなマウント行為の場合、効果的とは言えません。

人に訴えても、

「あの人に悪気はないと思うよ」

「あなたによかれと思って言っているだけだよ」

「いくらなんでもまさかあの人がそんなことするわけがない！」

などと諭されます。かくれ繊細さん「だけに」絞ってマウントしているから、ほかの人たちはその人のやっていることをわかっていないことが多いのです。


わかってもらえないどころか、被害を訴えたかくれ繊細さん側が、「被害妄想がひどくてメンドウ」「意味不明」と迷惑がられたり、ひどい場合には逆に「私たちの○○さんの悪口を言う嫌なヤツ」として扱われてしまうこともあります。窮状を訴えたかったのに、四面楚歌の状態に陥る危険性があるのです。

この、かくれ繊細さんマウンターからの仕掛けがなかなか解決しない理由の一つが、ここ（人に言ってもわかってもらえない）にあります。

また、「気にしないようにしよう」としても難しいのは、体験したことがあればはっきりわかるからです。意識して気にしないようにしようとすると、「やっぱり私がダメだからだ」などと自己否定することになって、メンタルもボロボロになります。フラッシュバックが襲ってきて、思い出したくもないその人のことを、一日に何度もぐるぐる考え続けてしまうし、人には言えないし、どこにも出口が見えないアリジゴクにはまったような感覚かもしれません。

対策として最も有効なのは、いじめ対策と同じで、「いじめ甲斐のないやつになる」ということ。

いじめっ子が最も調子に乗るのは、いじめられっ子が泣いたり、怒ったり、凹んだりする姿です。媚びたり、びくびく、オドオドするなんてもってのほかです。いじめた結果媚びてきたら、調子に乗らせまくってしまいます。

いじめっ子が喜びそうな、そうした感情を見せることのないようにしましょう。ポーカーフェイスで「え？　なにか、なさいましたか？」と反応を薄くするのが一番です。

さらに、「のれんに腕押し」的対応も有効です。

のらりくらり。言葉数は少ないに越したことはありません。

たとえば、濡れ衣を着せられているときは、「はあ、それを私がやったと思っているのですかぁ……そうですか……ちがいますけどね……」と力なく発話してのらりくらり。

表情は薄く、テンポ悪く話すのです。

笑顔は出さないのもお約束です。薄ら笑いはありですが、ニコニコしてはいけません。

ニコニコしなければならない義務などありませんから、堂々と薄い表情を貫いてください。

そのようにして、興味をなくさせることで距離をとります。

大事なことは、その人との関係を断つことですが、どうしても完全に断つのは難しい場合もあると思います。その場合は上記のような**薄い対応、スピードをなくす、力なくのらりくらりで「ちぇ、おもしろくねーな」と思ってもらえるように**もっていきましょう。

最初は「怖い、怖い。どうしたらよいのですか⁉」という状態だったかくれ繊細さんが、このかくれ繊細さんマウンターを見抜き、どうして狙われやすかったのかも冷静に見られるようになって、対応する自信がついてきたら、「あんまり怖くなくなった」とおっしゃっていました。

かくれ繊細さんの痛いところを的確に突いてくる思考回路を持つ人たちが存在しているということと、ちゃんと対策すればそんなに怖がらなくても大丈夫、ということをここで覚えておいていただけたらと思います。

8 かくれ繊細さんは職場の人間関係では「全体最適」に敏感な自分を観察する

かくれ繊細さんは職場で、怒られている人がいると自分のことのように感じてしまったり、いじめられている人がいると気になったり、といった人間関係に敏感です。

上司や圧の強い人の行動や機嫌を見ては、自分を出したり引っ込めたりもすることと思います。

ここでは、**「全体がうまく回るために自分はどんな役割をすればよいのか」をごく自然に引き受けてしまうご自身を観察してみると、自分のからくりが紐解けるかも、**という話をしたいと思います。

「全体最適」というのは、企業や組織、システム全体が最適化された状態を示す言葉なのですが、どうもかくれ繊細さんは、自分の関わるユニット全体が丸くきれいに収まるためにどうしたらよいかわかるし、かつ、そこが円満に機能するための役割を担う動きをします。

たとえば、怒られている人がいると自分のことのように感じるとか、いじめられている人が気になるとか、恥ずかしい思いをさせられている人を見ていられなかったり、上司や圧の強い人の機嫌を見て「できること」を探したりすると思いますが、これは全体最適のため、自動的に反応しているということかな、と思います。

それから、

・人を怒らせたと思うと、ひたすら謝ってしまう
・社内ルールを守れない人や、怒りをあらわにする人、高圧的な人が嫌い。もっと大らかになるか、もっとスルーできるようになりたい
・会議で無鉄砲な発言をする人が嫌い。なんでそんなこと今言うんだろう？と思う

なども全体のバランスを考えて生まれてくるのではないかと思います。

あなたはよく、「自分にできることはあるか？」「なにをすればこの場がうまくいくか？」を確認するのではないでしょうか？

これって、「全体最適」を自然に意識してしまうかくれ繊細さんならではの着眼点であり、思考回路だと思われます。

また、かくれ繊細さんが他人がどう思うかを優先してしまうのは、大人になってからとは限りません。もっと幼い頃からそうだったかと思います。

「自分はどういう態度でいたらいいのか」を、生まれ育ったご家庭でもやってきているのではないでしょうか。優等生を求められる、子どもらしさを求められる、女の子らしさ、男の子らしさを求められる……そうした「周囲の大人が求めること」を自然にカバーしてやろうとしてきたのかな、と思います。

あるかくれ繊細さんの育った家庭は、祖父の傍若無人なふるまいに家族全員が凍りつくことの多い家庭だったと言います。兄弟は繊細ではなく、繊細だったのは父親と自分だけ。祖父が暴れたりいじわるを言ったりすることが、身を切るように辛かった。母もいびられていました。にもかかわらず、学校では「自分の家庭は普通。おじいちゃんもまあまあ」と言い続けたそうです。

彼女は友人たちから「惨めな家庭に生まれた子」と思われたくなかったからそうしていたそうで、中学時代に泊まりにきた友達にも家庭の物音を聞かれないようにずっとドキドキひやひやハラハラしていたそうです。

友人には気持ちよく過ごしてほしい、家族には気を使わせたくない、自分はまあまあ普通の家庭で育った普通の人と見てもらいたい。誰もが気を使わずに過ごせるのが全体最適だと判断したからこそ、中学生だったご自身の身を挺して家庭の様子をご友人の目から遮るというけなげな努力をしていたのではないでしょうか。

私にもそういう記憶はあります。

家のこと、家族の気持ちを考えたのでしょうね。買ってもらいたい物を遠慮することは多かったです。

たとえばお祭りのときに、親は、「祭りなんだから、ほら、お金」とお金をくれるのですが、「いい」と遠慮していました。ほんの数百円の話なのですが、私は「うちはお金に困ってるから」「だから私が我慢しなきゃ」と遠慮しました。その理由は「私が我慢すれば、うちにお金が少しは残る」という発想でした。

服を買ってもらうときも必要最低限のものだけ、靴も「まだ履けるから買わなくていい」と断ったりしていたので、そのうち親が私に聞かなくなりました。

それも、うちはお金がないから、私がせめてお金を使わないようにしようという家庭全体最適思考です。

あなたにも、「全体最適を考えて自分のほしいものをひっこめた」という記憶があるのではないでしょうか？

普通は、「自分さえよければ」という部分最適的な考え方に陥りやすく、より高い視点から全体最適を考えるように促されるものなのです。ですが、かくれ繊細さんは、基本ベースに全体最適が組み込まれているような気がしてなりません。もちろん、利己的な部分も持ち合わせているため、自分というものを分裂してみなしがちですが、全体のことを考えるあなたも、自分の利益だけを考えるあなたも、どちらもあなたなのです。

余裕があり調子のよいときは、自分の関わるユニット（家庭、組織、グループ、日本、地球……）全体が丸くきれいに収まるためにどうしたらよいかに意識がいき、かつそこが円満に機能するための役割を担うにはどうすればよいだろうか？ という視点でいるというところが、普通と違います。

全体最適を自然にやっているご自身を観察してみると、自分とほかとの違いが明確になって驚くかもしれません。

また、人が怒られていたり、いじめられている人がいたり、恥ずかしい思いをしていたりするときにいてもたってもいられないということは、「共感的羞恥」と言われていて、かくれ繊細さんにとっては馴染み深い感覚だと思いますし、繊細さんは人との境界線が薄いと言われるのは、この「全体最適を図ろうとする力が働くため」に他人の問題を自分の問題としがちだという境界線の問題にも強く関係していると言えそうですね。アドラー心理学でいう「課題の分離」とも関連のあるテーマかなと思います。

かくれ繊細さんにまつわるさまざまな現象に関係がありそうな「全体最適」という感覚についてお話ししてみました。まずは、「全体がうまく回るために自分はどんな役割をすればよいのか」をごく自然に引き受けてしまうご自身を観察してみてください。

9 かくれ繊細さんは学校の人間関係のみに終始しないようにする

かくれ繊細さんに生い立ちをお聞かせいただくことが多いのですが、多くのかくれ繊細さんが、「友達は少ない」、あるいは「心の底から話せる友達はいない」とおっしゃいます。

心の底から話のできる友達は私も少なかったです。

一見、人に抵抗がないように見えますし、仲良くすることも、話を盛り上げることも、初めて行った場所にもするっと馴染めます。離島に遊びに行ったときにはあまりにも愛想よく見えたのでしょう。離島に嫁にきてほしいといわれるくらい人に受けるのです。

でも、それはあくまでも表面上のこと。

自分のネチネチしてネガティブで、せこいところやだらしない部分をさらけ出せるほどの人間関係をつくる勇気はありませんでした。そんなところを見せるなんて恥ずかしすぎます。だから、そこまで知っているのは家族だけです。

ずっと、表面的に受けがいい人でした。

結果的には、それで大正解だったんだ！　ということが、かくれ繊細さんの研究をしている中でだんだんわかってきました。

はみ出した部分を受け入れてくれる非繊細さんはいません。

あ、家族は別ですよ。はみ出している部分を受け入れざるを得ないのが家族です。受け入れてもらえない場合ももちろんありますが。

それなら、かくれ繊細さん同士なら、心の底から話せる友達になれるのでは？　と思われるかもしれません。

でも、考えてみてください。

自分がかくれ繊細さんであることを、人に知られたくないと思っているかくれ繊細さん同士だと、双方、はみ出した部分を絶対に見せず、常識的な範囲で表面上の付き合いをしてしまいます。だから、出会えないんです。

かくれ繊細さんは六％存在すると言われています。

だから、四十人学級ならば二人いるはずですし、一学年百二十人ならば七人はいる計算になります。

だけど、思い当たるでしょうか？

あなたと同じように複雑に考えすぎてしまうけれども、表面上わからないように「みんなと同じだよ」という顔をして過ごしていた人の顔を、思い出せますでしょうか？

ほとんど思い当たらないと思います。

かくれ繊細さん同士であっても、お互いにそうであることを知る機会もないまま、卒業してしまいます。

ただ一人、私が思い当たるのは、中学時代の同級生です。

その子は、教科書に掲載されていたある詩を読んだとき、みんなと異なる解釈を堂々と発表しました。全員が「楽しさを表現している」と言ったのに、その子だけは「いや、この詩は哀しみを表している」と強く主張したのです。

この一回の出来事から、私はこの子の奥深さを知りました。

が、長い学生時代を思い出してみても、この子のその出来事以外は思い出せません。それくらい、学校、学級という流れの中で、かくれ繊細さんを見つけ出すことは難解だ、と言えるのかなと思います。

では、互いにわかり合えそうな人は、どこに行ったらいるのでしょうか?

同じ趣味や考え方を持った人たちのところにいる可能性が高いと思います。

同じ趣味や考え方の人たちだからといって、百%そうとは限りませんが、でも、自分の好みに素直になることができたら、そこで同じタイプの人に出会い、自分のはみ出した部分を共有することで生きやすさを感じることができる確率は跳ね上がると思います。

だから、人と違っていてもあなた自身が心から好きなものを見つけてください。

もしかしたらそれは、とても人には言いづらいものかもしれない。

かつて、親にやってはいけないと止められていたことかもしれません。

自分のキャラクターには合わない、不釣り合いだと笑われそうだからやらないと決めていたことかもしれません。それでも、それが好きだったら、そこにあなたと互いにわかり合える人がいるかもしれないのです。


かくれ繊細さんは、人と深くつながることを心の底から求めています。

学校や職場の外で自分が本当に好きなことを見つけることで、心底味わいたいと思っている人とのつながりも手に入るかもしれません。


「学生時代の友情は一生続く」という言葉があるかと思いますが、かくれ繊細さんに限っては、該当しないと思ってよいと思います。

もし今、友人関係に悩んでいたり、あるいは心底わかりあえる友人をつくりたいと思っているならば、その環境にこだわらなくてよし、です。
かくれ繊細さんは学校や職場の人間関係のみに終始しなくてよいのです。

10 かくれ繊細さんは恋愛を「本当はどうしてほしいのか」を発信する練習と心得る

「本当はどうしてほしいのか」と聞かれたことはありますか?
「ほんとはどうしたいの?」とか「あなたの意見は?」と聞かれて答えに窮したことはあるのではないでしょうか?

この「ほんとは?」「本心は?」「どう思ってるの?」という、表面上の答えではなく、一枚表面をぺろっとめくったところにあるものを求められたとき、かくれ繊細さんは「うっ」と答えに詰まります。これ、かくれ繊細さんの構造上、当然のことと言えます。

答えに詰まる理由はわかっています。

かくれ繊細さんは、本心を表さず、周囲の人たちが喜ぶものを答えとして出すからです。

たいがいはそれでうまくいきます。

周りも喜んでくれるし、自分も周りが求めているものを出せて、全員が幸せな結末を手に入れられます。


ところが、「そうじゃなくって、あなたが本当にほしいものは？　なに？　あるでしょう？　どうしてほしいと思ってる？」と聞かれたとき、言えないのです。


もちろん、かくれ繊細さんにも本音はあります。

本音はあるのだけれど、忖度して、周りに合わせてしまいます。

この忖度して周りに合わせることを必要に応じてやめられる相手がいると、かくれ繊細さんの生きやすさは格段に上がります。

たとえば、ホントはイチゴのほうがいいと思ったんだけど、みんながマスカットって言ってるから、自分もそうしておいたほうがよさそうだなと周囲に合わせてマスカットにするけれど、本当はイチゴがいいと思っているのです。

自分としては、イチゴっていきなり言ったら引かれちゃうと思うからイチゴって言えないだけで、本音はイチゴなのです。

なので、ここでかくれ繊細さんは、マスカットに近い、でもマスカットではない「巨峰」とか「デラウェア」とか、微妙に本音っぽい中間案を出して「本音のふり」をする、なんてこともあると思います。

いきなり「イチゴ」と言ってしまったら、面食らわれたり、驚かれたり、拒否されたり、否定されたりといった反応が怖いので、ほんとのほんとは言わないようにする、というのがかくれ繊細さんの「本音」を求められたときの正しい反応です。

つまり、本当の本音はやはり言わずにしまっておくのがかくれ繊細さんの「生きる知恵」として正しいのです。

で、恋愛です。

恋愛では「生きる知恵」と「ほんとの本音」の間で揺れ動いてください。

恋人には、自分をなるべくわかってもらいたいですよね。

どこまでわかってもらいたいかというと、「相手のことを好きだ」と思う気持ちはわかってもらっているとして、もう一つぺろっとめくった下にある本音は、「自分が見せているよりも相手のことをかなり好きだ、ということを知られるのは恥ずかしい」ということです。

そんなこと知られたら恥ずかしい「ほんとの本音」を伝えたら自分が不利だし、カッコ悪いわけですが、せっかくの恋人です。

あなたが本当はなにを恥ずかしいと思っていて、あなたが本当はなにをしてほしいと思っているのか、あなたが本当は行ってみたいと思っているところを言える関係でありたいはずです。

「恥ずかしいけど、言うよ?」というところまで言える。

そういう関係でありたいと願っていると思います。

むしろ、そういうことを言う練習ができるのなんて、恋人くらいじゃない？　と思うんです。

気持ち以外にも、恋人に言えないことって、ほかにもたくさんありますよね。
かくれ繊細さんの特徴は、繊細で傷つきやすいにもかかわらず「好奇心旺盛」というところで、好奇心に任せてかなり人に言いづらいことに手を出していることも多いですよね？

たとえば、趣味にまつわること（アニメやアイドルなどのオタクだったり、ギャンブルやボーイズラブなど人に言いづらいものが好きだったり、なにかのコレクションや、ビジュアル系バンドなどの追っかけをしていることなど）や、お金（借金、給与金額、資産所有、無駄遣い、副業など）にまつわること、恋愛（経験人数、彼の友人との過去の関係、元カレのこと、浮気、セフレ）にまつわること、肉体関係（したくない、演技しているなど）に関すること、ほかにも、整形、家事が下手、風俗経験、など……。

かくれ繊細さんの好奇心旺盛さゆえに、人に言いづらいことにも手を出しやすいと思います。それを否定しているのではありません。法に触れない範囲で、興味のあることをやったらいいです。また、隠しごとをすべて暴露するのがよいと言っているのでもありません。

相手のいるかくれ繊細さんは、少しずつ、「自分が本当は相手にどうしてほしいと思っているのか？」を言葉に出して発信する練習をしてみるといいと思うんです。「自分がどうしたいと思っているか」「相手にどうしてほしいと思っているか」を伝えることは、今後の生きやすさにつながっていくよい練習になります。

そのための練習をするには、恋愛という関係性はうってつけだと思います。

11 かくれ繊細さんは結婚相手が繊細さんかどうかで覚悟すべきポイントが変わる

かくれ繊細さんが結婚するのならば、結婚相手は、繊細さんがいい？それとも非繊細さんの方がいい？

　これは、どちらにもよさがあり、気をつけなければならない点があります。

　まず、かくれ繊細さんの結婚相手が非繊細さんである場合、かくれ繊細さんは「結婚相手とすべてを理解し合う」ことは、ある程度諦めなければなりません。その理由は、はみ出した部分を理解してもらうことはできないからです。

　理解してくれないからって、力づくでわからせることはできないので、諦めるしかないです。残念ながら。

　でもその分、夫以外の理解者をつくるとよいと思います。

　深いところでわかり合える友人をつくれるといいですよね。

　難しいですが、かくれ繊細さん同士が本当の意味でつながり合える方法を、私も模索し続けていいます。

　それに、繊細さんはお子さんに遺伝する可能性が高いですから、もしお子さんが繊細さんだったら、家族の中に同志がいてくれる心強い状態になります。

そうしたら、お子さんと助け合い、理解しあえる関係を築くのは建設的で素敵なことです。

あ、その場合は、親であるあなたが、自分の繊細さや好奇心旺盛な部分との折り合いをつける方法を習得しておくことをおすすめしたいと思います。


私には三人の子どもがいますが、自分のことを自覚できていないときの子育ては、ほんとにはちゃめちゃだったと思います。非繊細さんの子育て情報をそのまま当てはめようとしてうまくいかなくて、自分を責めましたし、子どもにもたくさんの否定的なことを言ってきてしまいました。

それが、だんだんと自分が「普通と違う」とわかってきて、自分を扱えるようになってきてからは、弱点がなくなっていき、弱音を吐けるようになり、人に助けを求められるようにもなりました。もちろん、完璧な子育てではないですが、最初よりはずいぶんとましになったと思います。

自分の特性を理解することが、子育てにも、同じタイプのお子さんが自分を理解するためにも役立ちます。

配偶者が非繊細さんであっても、共通の話題があればそれを楽しめばよいですし、生計を共にするのに重要なのは、お互いを理解し合うことだけじゃないですよね。非繊細な配偶者の場合、社会に適応して力強く働いて稼いでくれるという安心感があります。

この点、繊細な配偶者の場合、社会とうまくやっていくことが難しい時期がどうしても出てきてしまい、不安要素の一つです。日本の社会は、非繊細さんに合わせて構築されているため、繊細さんにとっては働きづらい面が多々あります。

働きづらくても、結婚して家族を持ったら、稼ぎ続けなければならないのです。それが、繊細さんには大変なプレッシャーになってしまうときも、長い一生の間には一度や二度あってもおかしくはないでしょう。

ましてや、男性の繊細さんにとっては、女性の繊細さんよりも、繊細であることを許されづらい辛さがあります。

「男なら泣くな」「強くあるべき」といった縛りの中で、繊細で傷つきやすい自分を、女性よりももっと罰しなければならなかった男性のかくれ繊細さんの大変さは、想像以上だと思います。

自分を隠して、強く生きなければならない。それも一生、社会で稼ぎ続けなければならないという重荷を、繊細な人であれば降ろしたくなるのは責められないと思います。

なので、繊細さんと生計を共にされているかくれ繊細さんは、共有できるところがたくさんあり、深いところでつながれる感覚を持てる幸せはあるかもしれませんが、経済的に生活を支える、生計を立てるという面では、ふたりで支え合っていく覚悟が必要なのです。

かくれ繊細さんは、結婚相手が繊細さんかどうかで、覚悟すべきポイントが異なるのです。

第6章

史上最高の幸せを手にした「かくれ繊細さん」たち

私は、試行錯誤の末に心の平安を得た経験から、現在、テキスト、音声教材、セッション、伴走を使って、自身の仕組みを紐解き、必要な三要素（感情と思考／ぐるぐる思考の停止／過去の出来事の完了）の三つ巴で、かくれ繊細さんたちをサポートさせていただいています。

これまでサポートさせていただいたかくれ繊細さんの中から、ビフォー&アフターとして四名の方をご紹介させていただきます。

1 五年前信頼していた人に裏切られ、うつになったHさんが自分責めをやめて働きだすまで

「ブログを読ませていただいて、私のこと？　って思うほど、共感しています！」

とメールをくださったHさん（二十代女性）。

メールには、

・数年前に信頼していた人に裏切られたこと

・自分責めが止まらず、息がしづらくなり、人が怖くなったこと
・自己啓発やカウンセリング、通院治療をしてきたけれど、効果がなくて逆に
　自分を責める道具にしてしまうこと

が書かれていました。

これまで自分の行動の悪いところを直そうとしてきましたが、HSS型HSPを知って、少し自分の謎が解けた感じがしたそうです。

でも一方で、「私は非HSPになりたくて頑張ってきたのに、治らない」と知って落ち込み、暗中模索する中で、HSP/HSS LABOのサイトに突き当たったそうです。「どうしたらいいか教えてもらおう」と思ってご相談に来てくださいました。

最初は主に、ご家族に対する本音を探り出すセッションをしました。「お母さんにもっとわかってほしかった」「お母さんにいいところを認めてほめてほしい」という気持ちがわかってきましたが、なかなかその気持ちを受け入れて、認めることができませんでした。Hさんが本音を認められなかった理由は二つありました。

一つ目は、ほめられることへの抵抗です。「ほめられたら、ダメ人間になり、努力しなくなりそう。だからほめられたくない」と思っていて、「頑張っていない人は、ほめられてはならない」というルールがあったから、だったのです。Hさんがそのルールをつくったのは、おそらく四歳くらいの夏でワンピースを着ていてほめられたときのことだったようです。

そこから少しずつ、幼少期のことを思い出すようになりました。小さいときからご両親の仲がよくなくて傷ついていたことや、親におびえていたにもかかわらず、おびえていると知られてはならないので気丈にふるまったこと、なども出てくるようになりました。

お母さんに認められたいと思いつつもできなかった理由の二つ目は、過去のトラウマを解消するワークで怖い思いをしていたことでした。

ワークに対する恐怖感で、思ったようにワークに入り込めなかったのです。そのことに気づき、解消してからは、過去の出来事に戻るワークをしても平気になりました。

それ以降のセッションでも、いくつかのルールや抵抗が明らかになっていきました。

学生時代、仲のよかった人とのトラブルから「自分のすべてをさらけ出すのはダメ」と決めたことや、「人に依存してしまう恐怖」に話が及びました。人に依存することへの抵抗があることから、今度は、「時田さんに依存したら嫌われてしまうかもしれないから話したくない」という抵抗が出てきたりもしました。

これは、**カウンセラーに対して気を使ってしまう**かくれ繊細さんによくあることです。

それから、これはすごく私もピンときたことの一つなのですが、「おしゃれな人やセンスがある人の前では卑屈になってしまう」ということです。この卑屈さの根底には、「私なんかがおしゃれするのは、おこがましい」という感覚があります。そう思っているので、あえてキメキメにしないようにちょっとダサくはずしたりします。周囲から見ると不思議な行動なのですが、この行動には本人的にはしっかり理由があるのですね。

その頃送ってくださったメッセージにこんなことを書いてくださっていました。

「時田さん、昨日の夜寝る前に、ふと気がついたんですけど、周りを嫌な気持ちにさせないために無意識でオシャレにならないようにしてたのと同じで、学生時代にやっていたスポーツも、無意識にうまくならないようにしてたな、私！　って結構、衝撃的なことに気づきました～」

不思議ですが、こうした行動は、かくれ繊細さんがよくやるんです。

Ｈさんは外見の課題を解消していった結果、ふわふわのかわいい服を着ることへの抵抗が、**「自分を変えようとしてしている努力を見破られたくない」という羞恥心**とくっついていたことがわかり、かわいい服への抵抗が薄れていきました。

この外見の問題への対処法として、あらかじめ弱点を突かれたときの反論のセリフを考えておくことや、ワンピース姿に慣れる練習をしたり、似合うメイクの検索などをしました。

また、そのことからさらに派生したのが、「恋愛」「男子に対して構える」という課題でした。

男子に対して違和感を持つ理由は、兄弟姉妹との関わり方が影響していました。それともう一つ、男子に関するトラウマでした。

中学時代、Hさんのことを好きだと言ってきた男子がいました。Hさんは、その子に対する不愉快な気持ちを持っていて、それが、その後Hさんを恋愛から遠ざける結果になってしまっていました。

このようなことを掘り下げて紐解いている頃、彼女はアルバイトを再開しました。アルバイト先で対人関係に課題が出てきて不安になった時期がありましたが、職場で具体的にどう立ち振る舞ったらよいのか、心の癖にはとっさにどう対処したらよいかを実践的に習得していきました。

かくれ繊細さんが求める職場とは、一人一人が得意なことで助け合い、補い合う和気あいあいとした雰囲気だと思いますが、Hさんも軍隊のように従うしかないような仕事の仕方が辛く、出社の不安につながってしまっていたのです。

この頃、前後するようにして、中学時代の先輩からのいじめが夢に出てくるようになりました。これは、「人を悪く言うことへの強い抵抗」のようでありながら、Hさん自身が認めたくない自分の弱点に直面することにつながりました。

最初のセッションから半年後。職場の不安、パーソナルトレーナーの食事指導への不満を自分でどう扱うか、姪っ子に忖度している件、などについて掘り下げていきましたが、この頃はもうどんな自分が出てきてもおもしろがれるHさんでした。

この頃、Hさんにかくれ繊細さんでよかったと思うことについて聞いたら、「いろんなことを深く知ることができるし、幸せや感動を人より強く感じられるところがよかったと思います！」

と答えてくださいました。最初のメールに「非繊細さんになりたい」と書かれていたことは、もう覚えていないかもしれません。

最後に、去年と今の自分との一番の違いは何か？　をうかがってみましたら、こんな答えが返ってきました。

「自己受容ですかね！　**自分はこういう人間なんだ**っていうのがだんだんと受け入れられてきた感じです！　前は、もっと違う人間にならなくちゃと思ってました！　勝手に自分で周りが求めてると思ってる人になろうと必死でした。私に対する周りの理想を壊してはいけない、と思っていました。もっと早く自分の仕組みを知れたらよかったのに。

私のことだ！　ってどんどん謎が解けていく感じは本当にありがたかったです！」

2 仕事のプレッシャーに押し潰されて生きるのが辛かったBさんが、責任を手放し生きやすくなるまで

Bさん(四十代男性)に、ビフォー&アフターを紹介させてほしいとお願いしたとき、真っ先におっしゃった言葉がとても印象的でした。

「かくれ繊細さんは、自分のことより周りのことを先に考えてしまい、全部責任を背負ってしまう。かつての私がそうでした。今、早くに自死を選ぶ人たちの訃報を耳にすると、とても悲しい気持ちになります。周囲の人たちからの評判のよさや、気遣いのできる方が悲しい選択をしなければならないことを知るたびに、『繊細さんだったのでは』と他人事ではありません。

どうか、時田さんから受けた**『二重人格で生きてよい』**という考え方のエッセンスが、広く生きづらい人たちに伝わり、少しでも生きやすくなる人が増えるといいなと思います」

当時の悩みをまとめると次のようなことでした。

・仕事で大きな予算を持たされ、ストレスがとても大きい
・仕事は幅広く、多岐にわたっており、こなせるか、達成できるかという不安要素が常に大きくのしかかっている
・本来自分の持っているよい資質を活かしきれていないと感じる
・転勤、転部が重なったためか、軽度の内因性のうつを患ってしまった
・メールの内容が怖くて仕事に取り掛かれないことがある

Bさんは、外で話しているときが一番楽しいと感じるので、事務系の仕事は無理かなと思っていました。圧が強く、理屈の通らない上司からの指示命令には共感できない。そうした上司との関わり方にも「自分が臆病だからうまくいかないんだろうな」と悩んでおられました。

それまでBさんは、本を読んだり、心療内科で抗うつ薬を処方してもらっていました。

私から見たBさんの当面の課題は、「怒り」の裏にある本当の感情を探しだし、それを認めていくことでした。「怒り」はBさんにとってキーになる感情でした。

自分の病態をご家族が心配してくれないことにイライラするということをテーマとして取り上げたときのことです。自分の中でなにが起こっているのかを掘り起こす作業を一緒にしました。そのときに、Bさんが思いのほかスッとイメージをつかまれたことで、イメージワークが得意だということがわかりました。

そのときのイメージワークでは、頭の中に赤い塊があり、それが「なにか」を邪魔しているというもの。

その「なにか」とは、Bさんの「幼少期の寂しさ」とつながっていました。

そんなニュアンス的なことがイメージでつかめるならば！　ということで、そこからBさんとのセッションでは遠慮なくイメージワークを使わせていただくことにしました。

幼少期の未完了を理解し、腑に落とすワークを実践しながら、Bさんの仕事での大きなテーマである「会議の場で堂々と根拠を述べる」ことを扱いました。

Bさんにとって、いつもとても気が重いのが、予算会議でした。

予算会議でBさんに求められるものは二つあります。上から降りてくる売上目標数値に対する根拠と、「達成します」という確約的な言葉です。

ですが、Bさんは、「自信を持って言えないもの」を堂々と断言できないのです。それでいつも会議で困っていました。

Bさん以外の人たちは、その確信のない根拠を堂々と伝えて、次々と無罪放免になっているのに、Bさんにはどうしてもそれができない。「最後までグズグズと根拠と断言を求められ続けてしまうのです」と悩んでいました。

かくれ繊細さんは、自分の中で確信していないことを断言することは「嘘をついている」ようで堂々と言い放つことができません。そのせいで、しどろもどろになってしまい、会議ではいつもつるし上げられてしまうことが大変なストレスとなってしまっていました。

それを、得意のイメージワークで解消していきました。

このときのイメージは、笑いが出てしまうほどコミカルなものでしたが、Bさんにとって笑えるイメージがうってつけだったのでしょう。その会議に関するイメージワークは強いインパクトを持って浸透していきました。

その後、ぐるぐる思考を止める方法を習得してからのBさんは、困ったときにぐるぐるする思考を止めることを心がけてくださいました。

その頃のメッセージではこのようなことを書いてくださっています。

「今朝は地方にいました。三か月前に依頼を受けた仕事が、ほかの人の間違いで準備できてなかったので、ドキドキして心臓が止まりそうになり、冷や汗が出て慌てました。

いったん席を外して、トイレでできる範囲で、ぐるぐる思考を止めるワークにトライして、小一時間でかなり落ち着きました。
しんどい時間が短くできればよいと常に思ってます。
最近、前より馬鹿笑いが増えました。一年前に他人を見て羨ましかった、なりたかった自分です」

馬鹿笑いをしているBさんを想像して、泣きそうになりました。
かくれ繊細さんは、本来豊かな感情を持っており、**感情を揺さぶられないように生きることはできません。**それを理解したうえで、なるべく短時間でゼロフラットに戻そうと、出張中も実践してくださっていたのです。

「なにより自分に優しくなりました。ダメダメなスケジュールにもまったく罪悪感がなくなりました。キツいスケジュールをこなすために、自分が無理をして倒れたら周りがもっと大変ですから」

Bさんは、仲間や、お客さまに弱音を吐くことができるようになったのだそうです。

そうしたら、これまで以上にみんなサポートしてくれるのだとうれしそうに話しておられました。

責任感が強すぎて、自分では抱えきれないほどの、予算への叱責に対して真正面から受け止めてしまって苦しかったBさんですが、叱責を真正面から受け止めなくなったそうです。また、「会議用の人格を持ってもよい」と思えるようになり、おびえや、苦しさはあるが、長期間にわたる気落ちはなくなったと言います。

人間関係においても、人の顔色が気になったとき、自分のことで嫌な顔をしてるとは限らないと思えるようになったこと、人それぞれ、怒りや疲れや悲しみの原因があるのかもと、少し距離をおいて人の顔を見られるようになったと教えてくれました。

また、娘さんたちが喧嘩をしていると、イライラしてしまい、苦しくて、キレることもあったというBさん。今では、子どもたちの喧嘩で自分がしんどくなることは少なくなり、一応、怒ったふりはするが、心の中ではどうでもいいなと思うように変化したとか。

全般的に、自分のできなさ加減に嫌気が差したり悲しくなったり落ち込んだりしなくなり、自分がいることで役に立ってることがあると感じる機会が増え、「いないよりはマシだと思う。できないなりに、できていると思えることも増えた」と言います。

また、Bさんは、お金についてかくれ繊細さんらしい特徴をお持ちでした。お金に執着があり、無駄遣いは罪だと感じていて、少しでも、安いもの、得をしたいという気持ちが強く、本当にほしいものや食べたいものを我慢していたのだとか。

今は、お金への執着はなくならないものの、今ほしいもの、一番気に入ったものを買えるようになったそうです。

なにより、自分の特性がよくわかったので、無意味に恐怖が湧いてきても、怖くなっても、そのことから逃げないで怖がったり、辛いことを認められるようになった、怖いときは怖い、しんどいときはしんどいと認められるので、辛い時間が長引かなくなった、と教えてくれました。

3 「私でも幸せを感じられるようになりますか？」と必死だったCさんが、「苦労しなきゃ幸せになれない」という幻想を手放すまで

三十代のCさんは温厚なご主人と、二人のお子さんのママで、パートとして働いていました。セッションを受けたいと思われたのは、体調がよくないと感じ始めたことがきっかけでした。育児、仕事、家事、夫婦間のこと、知り合いの女性の介護、プライベートでのあれこれ……さまざまなことがうまくいっていなくて、精神的にも体力的にも限界が来ていました。そのうえ、大きなストレスのかかる出来事がいくつも起きました。

職場の先輩からの無視、ストーカー、勤務先の職員のひどい職務態度を目撃、など、ご本人曰く、「細かいことを挙げたらきりがありません」という状態でした。

ある朝、起きたら息ができなくなり、パニックを起こし、動けなくなり、うつ状態に。必死に解決策をネットで探してHSP／HSS LABOのHPを探し当ててくださったそうです。

「繊細さん」であることはなんとなく認めつつも、少しズレを感じていたため確信できなかったそうですが、「かくれ繊細さんの方だ！」と気づいてからは光明が見えたと言います。

「この苦しい思いを解決できるのはこれだ！　とピピッと来ました」と、セッションを受けに来てくださいました。

Cさんの悩みは、子どもたちの才能をつぶさないようになんでもしてあげたい気持ちの一方で、思うようにお金をかけてあげられないことへの無力感でした。

また、一方で、あり得ないくらい子どもに怒り出すことがあり、気分をコントロールできないことにも悩んでいました。

冷静になれば我慢できるときもありましたが、育児はノンストップです。冷静になる余裕がとれずに、辛くなる一方でした。責任感と焦燥感がとても強く、子育てを楽しむことができませんでした。

お仕事についても意義を感じていましたが、人と関わることに疲れてきてしまっていました。自分本来の力を発揮するためにどうしたらいいのかと悩み、転職も検討していました。

お金は常に悩みの種で、生活を楽しむのにもギリギリ。夫は頑張ってくれているけれど、休みは週一日。家族の時間も少なく、夜勤もある過酷な日々です。Cさんは体調を崩してしまって、お金を使うときの罪悪感がすごくあったのも苦しかったと言います。

Cさんは常に他人の怒りを買わないようにしていました。

そのために、「ただただ被害者になる」「自分を強く責めて痛めつける」「馬鹿なふりをする」という三つを多用していました。

そこで、Cさんには最初、「私はこうあるべき」というルールがどのくらいあるか？を観察していただきました。「何度も同じ間違いをしてはいけない」「時間を無駄にしてはいけない」「いつも悪い状況でなくてはならない、不幸でなければならない」といったルールです。

普通は、過去のルールを発見していき、「わー、こんなルールがあるのね」と確認すると、ルールに縛られづらくなるのですが、Cさんの場合は、ルールを発見するというやりとりの中でも新たにルールをつくり出すという、「ルール製造機」のような仕組みを持っていたのです。

たとえば、自分が過去につくってきたルールを見つけるという課題をこなす際、「毎日〇個ルールを探す」「時田さんにＬＩＮＥでルールを伝える」のような新たなルールを追加していきます。Cさんはルールをどんどんつくることでルールが増えすぎて、自分のつくったルールに縛られていってしまいます。

Cさんの生真面目さが、自分を縛ることに結びついて、どんどん生きづらくなってしまっているようでした。

また、Cさんは、知り合いのおばさんの面倒を見ていました。介護だけではなく、家の掃除や身の回りの面倒まで、常識的な範疇を超えていました。

Cさんがこなしてしまうので、誰も手伝わないまま。一人で黙々と面倒をみにいっていました。私はCさんに伴走しながら、「このおばさんとの関わりを断つことで、環境を変えられればいいな」と思いましたが、最終的に、このおばさんとの関係の分断が、予想以上にCさんの心の変化に大きく影響していきました。

この後、伴走やセッションの中で、Cさんが発見したことを項目別にまとめてみます。

①言葉にする

Cさんの場合、怒りを感じることも、怒りを言葉にすることも、最初は難しい状態でした。

怒りの感情を、言葉にしてみることができなくて、「言葉にできない！」とイライラする、という感じです。

なので、まずは「伝えられないことがもどかしい」を解消しました。

そしたら次に、「怒りを人に見せられない」という「悔しさ」が前後して出てきたので、そちらを解消していきました。

このとき、Cさんは思い出されたことがありました。小さい頃から同じように怒りを言葉にすることができなくて、とても悔しい思いをしていたことを。そこで、その過去の悔しさを完了していきました。

②不幸でなければならないルールを持っている

また、この頃、コロナで外に出られない時期だったため、たくさんの予定がなくなったそうです。それがCさんにはよかったようで、刺激が減って調子がよくなってきたことを自覚し始めました。

ところが、「ほっとする、楽だなー、緩むなー」という状態を感じていると、とたんに「いやいや、お金がなくなってきて不安でしょう!?」と、戒め役が出てくることに気づきました。楽になると、「不幸でなければならないルールが発動」して、不幸探し（お金がない、家族の世話、家事が大変）を始めるのです。不幸でなければならない

ルールに従っているので、ほっとしそうになると楽にならないように自動的に制御している、と気づきました。

③感情が層になっている

この頃、近所の人に、空き地で遊んでいた子どもたちが注意されたことで、感情が大きく揺れ動いたことがあり、Cさんと一緒に心の揺れについて扱いました。

Cさんがその出来事の際に感じたのは、「注意してきた人への怒り」や「子どもの代わりに謝りたいという謝罪の気持ち」や、「動揺が収まらない不安」でもありませんでした。

「自分の感情を集中して扱いたいのに、家族が家にいて集中できないことへの怒り」を強く感じていたのでした。

「自分に集中させてほしい。それを邪魔しないでほしい」と感じている自分。

でもさらにその奥にあったのは、「本当は、こういう自分であることを家族に知られたくない」という「恥ずかしさ」でした。

そこまでわかったところで、「怒り」に戻り、完了することができました。

このように、感情に対してあっという間に、何重にも層をつくってしまうのですが、これはCさんに限ったことではありません。かくれ繊細さんは、もれなく感情の層をつくります。

一番最後に出てきた層は「こんな感情を持つ自分だと家族に知られたくない！」という気持ちで、その下に「自分の感情を集中して扱いたいのに、家族が家にいて集中できないことへの怒り」があり、その下に、「動揺が収まらない不安」があり、その下に「注意した人への怒り」がありました。

たまねぎの皮のように、外に外にくっついていってしまう感情と思いを、丁寧に確認しながらはがしていくことで、大元にたどり着きました。

かくれ繊細さんの繊細かつ複雑なところは、こうしたところです。

上層にあるものがわからないと、その下層に到底たどり着けない構造をあっという間に構築してしまうのです。

④他人の嫉妬を避けるためにやってきたこと

また、Cさんが他人の嫉妬を避けるために涙ぐましい努力をしてきたこともわかりました。

そこで、嫉妬されたくないためにやってきたことを明文化していきました。

「こうやって、文章化していただいて、人から言ってもらうと、とてつもなくうれしくて、氷がとけてくみたいに、なにかがジワーンと広がります」

このように、実際に感覚を体感することができると、感情が体で感じられるようになります。その頃から、疲れると昼寝を導入することにしました。

⑤不幸探しについて

Cさんが不幸探しをしてしまう理由は、不幸でないと、責められたり嫉妬されるからでした。不幸でい続ければ「いやいや、私不幸ですから」と言い訳が立つからです。「嫉妬されるような人間じゃないですー」と小さく生きていさえすれば、嫉妬を向けて来た人をスルーすることができます。だから、いつも反省して「自分はダメだー」と他人によいところを見せないようにしていました。

ところが、最初は見せるためだったのが、だんだん反省が癖になっていきました。人と話すときは、常に自分が下になるように話していることにも気づきました。このことを解消していくと、その後、「うれしいことも、なんだか染みるようになってきた気がします！　そういえば、いいことも体で感じていいんだった！　と思えます。花を見て泣けてきます」というメッセージをくださいました。「幸せな感情」を実感できるようになってきたということです。

⑥人の発言にもやっとする回数を減らす

人から言われたことに、もやっとしたとき、焦点を自分に戻すことを練習しました。また、気の張る人と会うときには、事前に「これだけは言われたくない」と思っていることをピックアップしておくという方法も伝えて実践していただいています。

⑦「わかってくれない」と混乱して意識が飛んで眠くなる

実は、セッションを受けるきっかけになった出来事がCさんにはありました。人と話していて、相手がわかってくれないときに混乱してしまい、急に眠くなるということだったそうです。

おそらく寝てしまうのは、意識をなくす必要があるからではないか、瞬間的に忘れるために体が防御しているのではないかとお話ししたら、幼い頃、妹さんとお母さんから「記憶がなさすぎて変」「人でなし」と言われたことを思い出されました。さらに「親と妹がわかってくれなくて、小さい頃何度もパニックを起こしていた」ということも思い出したのです。

パニックになりそうで焦ったときの対応も練習しました。

⑧年上の女性に対して異様に反応してしまう

年上の女性と話すときに特に気を使うこともわかったので掘り下げました。

これは、「気に入られなければならないルール」で、嫉妬を避けるためにつくられていたことがわかりました。

嫌われたくないし、好かれると心地いいので、年上の女性には自分のアンテナがマックスに稼働して、過剰反応していたのです。

ここでは、「好かれたいんだね」と呟いていただくようにしたら、効果を発揮したようです。

⑨怒ってばっかり

この頃になると、意外なことに、自分はかなり本当は怒っているんだなということがわかってきて、「最近怒ってばかりいることに気づきました。実はこんなに怒っているんだと、びっくりです（笑）。でもそれがわかると、ミントタブレットをハートの中に入れたみたいに、清涼感が広がります。素直に感じられてほんとにうれしいです」というメッセージをいただきました。

⑩かわいいスタンプを買わないようにしていた

私がＬＩＮＥでスタンプを送っていたのを見て、Ｃさんはこれまでスタンプを買わなかった、という話をしてくださいました。

理由は「どんなスタンプを選んだらいいか、どんなのが喜んでもらえるか、迷う」「どんな自分でいなきゃいけないかを考えなきゃいけないいけれどわからないから」でした。

でも、スタンプをもらうとクスッと笑えてうれしくなるので、ほしいなと思い始めたそうです。

これには、「好きなものがまったくわからない」ことが大きく関係していました。

これまでも、大事な選択が主体的に選べなかったそうです。そこで「どんな自分に見られたいか」を知ることから試してみることにしました。

⑪ＬＩＮＥができるようになった

「今まで、『既読したらすぐに送らなきゃ』と思い込んでいたために、ＬＩＮＥから遠ざかっていたかもしれないというのがわかりました。

きちんとしなきゃいけないルールや、人に本当の感情を知られたくない、などと考えていたかもしれません。

それがわかるとなんか楽しいです。『それか！』みたいな。これまでいかに自分が、恐怖や緊張を感じまくって、バリアを張っていたかがわかってきました」

ＬＩＮＥを使うことで、「自分を評価されてしまうことが怖かった」と特定できたら、

ＬＩＮＥを気軽に使うことができるようになっていきました。

こうした多様な気づきを経て、Ｃさんは、おばさんの世話を人に頼んだり、意図的に距離をとることができるようになっていき、大きく状況は変わってきました。

具体的に誰になにを頼むかについてもＣさんと話しながら決めて、周りの人たちにＣさんの代わりにやってもらうように頼みました。

家の片付けは業者さんを探して、ご親族に業者さんからの見積もりを見せて、お金を出してもらい、庭の草刈りはご主人がまかなってくれて、連絡係はご兄弟に頼むことができました。このことで、Ｃさんの物理的な負担も、心理的な負担も大幅に減らせるようになってきました。

最近になってＣさんが教えてくれた気づきです。

「考えなくてもいいことを、いつも考えなきゃ、としていた癖がこびりついていたようです。

嫉妬されたくない、怒られたくないから、不幸で大変でなくてはいけない、苦労しないとだめだ、そして、ずっと考えることや苦労することはいいことだと思っていました。

わがまま、好き放題言っている人たちのことが、ずっと羨ましかったんですね。私はこんなに我慢しているのに……。『従順で大人しくしているのに……』と思っていたので、自由な人への怒りがすごく大きくなっていたのかもしれません。

『共感してくれない』ときに起こるパニックは、怒っているから起こるんだろうな……と思います。人に話が伝わらなかった、と感じた瞬間に、怒り、嫉妬、腹立たしさ、不甲斐なさ、恐怖、諦め、自己否定が、一気に押し寄せてきて、パニックになっていたことがわかりました。

自分のことがわかってきて、多分人生初めての感覚かもしれません」

とキラキラのスタンプと一緒に送ってくださいました。

また、こんな幸せが伝わってくるようなメッセージもくださいました。

「今日は歩いていたときに、『なんか楽しいかもー』という感情が湧いてきました！　複雑に考えすぎて、ほかの人が幸せなこと、幸せそうであることが羨ましくて、嫉妬していたり喜べたりしていなかったのかなーと思います。

『結構自分って幸せなのでは？』というところまで行きついた気がします！」

このメッセージを書きながら、「私でも幸せを感じることができますか？」と初めてのセッションで必死になって聞いていた自分を思い出したそうです。

まだ、金銭的不安が押し寄せてきたり、子どもの寝顔を見ながら、「早くこの子たちのために働かなくちゃ」と焦燥感が募ったりしているようですが、自分の癖をつかんでいらっしゃるので、もうCさんは大丈夫かと思います。

4 元気じゃない自分はダメと否定していたEさんが、全部を受け入れられるようになるまで

ご主人、お子さんたちのママ、パート勤務をされている四十代のEさん。
セッションを始めた当初のEさんの主訴は、次のようなものでした。

・毎日、ぜんぜんくつろげない
・他者からの「よかれと思って」という行動が辛い
・友人の思い込みを聞かされるのが辛い。思い込みの間違いに気づいても指摘できず、どうしていいかわからない
・父親の自己中なふるまいに怒りが湧いて収まらない。昔から両親にわだかまりがあり、両親への不満はあふれているが、言えない
・緊張感が強すぎて、子どもを叱ってしまう
・子どもをほめるべきときに、自分の余裕のなさでほめられない

・どうやってこのモヤモヤを処理していったらいいのかを学びたい
・コントロールが効かないことに危機感を覚える
・生きづらさを解消したい
・自分を知りたい

Eさんは、小学生の頃にはすでに生きづらさを自覚していたそうです。その頃には親御さんにも心を閉ざし、友達との意味のない世間話には価値を見出せなかったとのこと。集団が辛く、自分を偽っていて、リラックスできる場所もなかったそうです。

こうした悩みを解決するために本をたくさん読み、アダルトチルドレンやメンタルヘルス、食事療法、アロマテラピーやヨガ、マインドフルネスなども試したと言います。

当時Eさんは、接客販売の仕事をされており、着眼点やアドバイスが非常に適切でした。接客がうまく、その人に合わせた話し方ができ、売上も立てられるので、職場での評価は高いものでした。

ただ、お客様にとても共感的に接客しているので、売上が立って当然だとも思っていて、「軽々しく評価されたくない」という複雑な思いがあることに気づかれました。そもそもお店の売り方や社長のこだわりにも疑問があるとも言います。

モヤモヤする感覚を解消するために、社長に直接Eさんの意見をメールしてみることになりました。社内の人は全員、社長にメールで意見が言える仕組みになっていたからだったのですが、Eさんは「社長に意見を言いたい」と言いつつ、表情は浮かない様子でした。「本当は伝えたくないのでは？」と尋ねたところ、「そんなはずはない。言いたいと思っているのに」と、戸惑う、ということがありました。

数時間後、EさんからＬＩＮＥで、

「私、メールを送りたくなさそうでしたか？　自分では、かなりノリノリだった気がしてたんです。でも、さっきお風呂で考えてたら、寝てしまいました。なんでだろう。

やろうとすると、『ほんとにできるんだろうか？』とか『実績がないじゃないか？』

とか考えて止まってしまうんです」

という内観の報告をいただきました。

このときEさんは、「感じていること」と「考えていること」がバラバラであるということに気づいていなかったのですね。かくれ繊細さんは、「考え」を自分の本質だと取り違えてしまいやすいところがありますが、Eさんはこのときそれに直面したと言えます。

ここを紐解いていくと、否定されるのが怖い、他人からダメ出しされるのが怖い、有能なスタッフだと承認されたいと思っている、という気持ちがぐるぐるしていた、ということにたどり着きました。そしてさらに、「元気じゃないときの自分はダメ」とバッサリ否定していることにつながっていました。

人の能力を的確に読み取ってくれる能力の高い社長であってほしいし、そういう人の元で働きたいのだという「一緒に働く人への望み」も、モクモクと湧き上がってきたのです。

このとき、「思考がどんどん脱線していくときは、なにか本音を隠している」というご自分の思考の癖にも気づかれました。

さらに、社長に見てほしい、しっかりわかってほしい、理解してほしいという気づきは、「見て見てー!!」と人に言える人が羨ましく、妬ましく思っていることにつながっていきました。

「母に『見てみてー!』と言うと邪険にされました。だから、言わなくなったのだと思います。

今、子どもに『見て！　見て！』と言われると、うるさく感じます。それで、うるさく感じている自分を『うるさいと感じる自分はダメだ』と否定していると思います。

そして、子どもに対して悪いと思う（罪悪感）んです」

ここで、Eさんが自分の感じ方を否定して、よい母であろうとしているということがわかります。圧倒的に正しいところに向かおうとして、Eさんは頑張るのですが、そのときにペシャンと押しつぶしているのが、「うざいな」という気持ちです。

「何度も呼ぶんじゃないよ」「こっちだってやることあるし」「中断させられるほうの身にもなってよ」「あんたたちの都合ばっかり聞いてられない」「うざい」「もう呼ばないで！」という声を、理想の母でい続けるために抑圧している、という内容のやりとりをしました。

わざわざ悪い母になる必要はないので、この思いは子どもに言わないでください、と厳重にお願いしたのは言うまでもありませんが、それがEさんの本当の気持ちでした。

ここまで来て、「お子さんたちみたいに自分も構ってもらいたかった」という気持ちに気づかれました。

それからしばらくして、自分の中で起こっていることについて、Eさんから報告を受けました。

「もしかして、自分の言葉をペシャンと押しつぶすとき、パニックに陥っているような気がします。

もしかしてですが、出来事そのもの（だけ）じゃなくて、自分のことをわかっていなかったことに、常々怒っているかもしれないということに気づいてしまいまして、なんだかすごくダサいなと思いました。

あまりのダサさに頭を抱えてますが、なんだか笑ってしまいます」

自分のダサさを笑えるところまでくれば、一安心です。

Eさんとは、職場の改善点についてもだいぶ話しました。労働環境の改善が、自己肯定感にも影響するからです。

現実に環境が変わると、すごく落ち着いたり、やるべきことが見えたり、こだわりが消えたり、とよい影響が出ることが多くあります。会社の運営しているサイトや店舗の改善点について、なにができるのかをEさんと話しました。

会社のサイトはおしゃれだけど、おもしろみがない。それになにより店舗の販売スタッフが知らないことがサイトで紹介されていました。それを見てメラメラと闘志が湧いてきたEさん。

Eさんが本当に心底やりたいことは、お客様によい提案ができる店にしたいということでした。「商品に愛着のあるスタッフたちなのに、それを活かせていないことがもったいないと思う」と話してくださいました。「そもそも、店内での情報共有が今一つうまくいっていない。自分が潤滑油になるようななにかができないかな」と。

この**「潤滑油」というのは、かくれ繊細さんの社会での役割**だよな、って思います。人の望むことを読み取れたり、適切な方向に向かわせることに心を砕けるところや、言葉を巧みに使えるところなどは「組織・コミュニティの潤滑油」にとても向いています。

最終的に、Eさんがなにかを提案しても受け入れてもらえない社風だとわかってきました。だとしたら、Eさんが別の組織に転職するか、現在の職場の風土を受け入れて働き続けるかどちらかの選択しかない。

このとき、Eさんからは「目からウロコです!!　志向性の違うところで自分の労力を使う必要性は感じないことが腑に落ちました。どこかでそのことをわかっていたものの、自分で矛盾に気づけず、立ち止まっていたということが言葉にしてみてわかりました。

仕事についてどうしたらいいのか、かっこつけて、止まってることが言えなかったです。ダサい！（笑）自分の価値観すら、整合性を取りたくて、出揃ったものを操作して、一人でモヤつき、絶望してました。今日、これまで立ち止まっていたことの意味がわかってよかったです。前に、『社長にメール書くのが乗り気じゃなさそうだった』と指摘されて、びっくりして、『自分すら騙してるのか!!』とショックで混乱していたのですが、『きたーーっ』って感じてます」


この頃になると、ものをつくったり、描いたりすることが好きだということがわかってきました。馬鹿なものをつくって笑ってもらうことも楽しめるようになりました。

さらに、職場でスタッフやお客様との接し方が変わってきた、働き方が変わってきておもしろくなってきた、という報告をいただきました。

「片方で諦めつつ、片方でやってみるしかない。どうせこの世界で成功するはずがないんだけど、楽しいんだからトライすればいいんじゃん」という感じになったそうです。

そうなったら、以前だったら上司に対して「馬鹿にするのもいい加減にしろよ」と怒りが湧いていた出来事を、甘んじて受け入れていたのに驚いた、ともおっしゃっていました。「これがスルーするという感覚でしょうか?」と。

スルーの感覚が出てきたら、会社に対して意見が言える機会がめぐってきて、そこで自分の意見を言わせてもらえたりもしたそうです。

「気持ちよくなって、楽ちんになってしまって、今まで会社の商品を買わなきゃいけないと思っていましたが、今はもう買わないし、好きなものを好きなように着て出勤しています。お客様にも名指しで選んでもらえています。

自分が最上級のスタッフであること、自分を否定する必要は一個もないこと、**非繊**

細さんとは違う力があるということもわかりました」

また、とても印象的だったのが、「アートをやりたいけど、表現したいなにかがあるわけじゃなくて、誰かといい気持ちを共有したいだけでした」「なんだか広々、世界を見渡せる場所にいる感じがします。すごく平和です。ただの日常があるだけ。ここに帰ってきたら、なんか、元に戻るんですね。私の大好きなおうちって、ここにあるんだ〜、私なりに、ぐっと体に染み込んだ感じがします」というメッセージです。

以前のように、会社を変えたい！　お店を変えたい！　と思うことを諦めたというメッセージをいただいたのも、この頃です。

「職場のいろんな不具合も目につくけど、もう一人いる繊細さんと『ま、気になるの私たちだけかもね』って言い合うと落ち着いてくることを発見しました。

あと、調べたいことがいっぱい出てきてしまいました。自分の外じゃなくて、中に戻ってみたら、楽しいことが見つかりました。

諦めた、って感じはおもしろいですね。諦める感じがとてもいいです。

絶望しないと諦められないと思い込んでいたんだけど、別の方法でも諦められました!! なんか、こういうことで、生きていってもいいのかもと思います」

このメッセージをいただいて、晴れ晴れとしたEさんのお顔が浮かびました。

おわりに

偉そうなことを書こうとしてしまう悪い癖が出てしまいます。

偉そうに見せたいんですね。

本当は、偉そうなのは嫌だなぁと思っているところもあるのに、偉そうなことを書いておいた方がいい本になりそうな気がする、とかいう計算をしているのです。

そういう計算をして生きている自分を、かつては見せないようにしていました。

だって、いやしい人だと思われるだろうから……。

でも、この本を読んでくださっているのは、きっと同じかくれ繊細さんだと思うから、少しは同意してくださるんじゃないかと思って、偉そうなことを書こうとしていたのだとまずは白状してしまいます。

この本を書いている間、「どうしたらみんなが納得する内容になるだろう？」ということを考えていました。全員に認めてほしい、と思ったのです。

でも、毎日、かくれ繊細さんたちと、一対一で話をしていて感じることですが、一人一人まったく違っていて。同じことを伝えても、解釈も違うし、ひっかかるポイントも、もうほんとに一人一人ぜんぜん別なのです。同じ話を使いまわすなんてまったくできない。

「だから、みんなが等しく納得してうなずいてくれるような本なんてないんだよ」と、納得してしまいそうなところで気づきました。

「まてよ、これは、自分を納得させようとしているだけじゃないか？　で、あんたはほんとはどうしてほしいと思ってるのか？」と自分に聞いてみたら、ポコンとイメージがやってきたのです。

それは、一対多ではなくて、一対一で、一人ずつに、本にお花をつけて渡しているイメージ、でした。それで、なんだか腑に落ちました。

「全員がいっせいにうなずいてくれるようなもの」を目指しているんじゃなくて、一人一人が、その人の必要なところにうなずいて、胸に抱いてくださっている本になるのだな、とストンとわかったのです。

この、「自分の本当にほしいものはなにか？」という問いは、思いがけないイメージを連れてきてくれます。慣れないうちは、つい「考えて」しまうかもしれませんし、実はイメージをちゃんとつかまえられているのに、「いや、これは考え出しちゃったものかもしれませんから」とつかまえていることを信用できないかもしれないです。

それでも、困ったときは、聞き続けてみてくださったらなぁと思います。

「あなたは、ほんとはどうしたかったの？」と。


言葉がうまくつづり切れていなくて、あなたにぴったりの表現ではないかもしれませんが、まだ生きづらくて誰かに助けを求めたいと思っているかくれ繊細さんに、「ブレない生き方はある」という大事なメッセージが、この本を通して届くことを願っています。


最後の最後に、お礼を申し上げます。

フォレスト出版の杉浦さんが、たった六％の人のための本を形にしてくださいました。ありがとうございます。

また、ご自身の体験を書いて助けてくださった受講生のみなさま、ビフォーアフターの掲載を快く承諾してくださった方たち、家族に感謝いたします。

時田ひさ子

時田ひさ子

（ときた・ひさこ）

HSS型HSP専門心理カウンセラー
HSP／HSS LABO代表。繊細で凹みやすいが同時に好奇心旺盛で新しいものへの探求欲が旺盛なHSS型HSPへのカウンセリングをのべ5000時間実施。講座受講生からのメール、LINEのやりとりは月100時間以上。

生きづらさ研究歴は高校時代より35年。生きづらさを解消するヒントを得るために早稲田大学文学部心理学専修（当時）に進学。卒業時の論文テーマは「人の興味の発生・消失時の視点の動向からパターン獲得学習の過程を知る」。人の興味の持ち方、失い方に、学習過程を掛け合わせた研究を行う。

2010年、思春期の長男との関係が悪化したことから、臨床心理学、認知行動療法、フォーカシング、退行催眠、エビデンスのない民間の手法まで多数の心の取り扱い法を習得。しかし、自身の生きづらさの完全解明にはつながらなかった。

2016年、ネット検索中に、自身がHSP（ハイリー・センシティブ・パーソン）であることを知る。さらに他人の目を意識しすぎるが好奇心旺盛なHSSタイプであることがわかる。自身の生きづらさの理由が、周囲の目を気にするHSS型HSPの稀有な特性に由来することにあるとわかる。自身を含むHSS型HSPに有効な生きづらさ克服の方法を発案、実践。長年の生きづらさを解消したいHSS型HSPの相談を年間のべ1300時間以上受ける。

3か月で凹みやすい人の生きづらさ克服「ブレーん塾」
https://hsphsslabo.com

ブックデザイン／山田知子（chichols）
装画／カシワイ
DTP／山口良二

その生きづらさ、「かくれ繊細さん」かもしれません

2020年11月25日　初版発行
2023年11月20日　6刷発行

著者　時田ひさ子
発行者　太田　宏
発行所　フォレスト出版株式会社
〒162-0824
東京都新宿区揚場町2-18　白宝ビル7F
電話　03-5229-5750（営業）
03-5229-5757（編集）
URL　http://www.forestpub.co.jp
印刷・製本　萩原印刷株式会社

ISBN978-4-86680-107-0　Printed in Japan

『やさしすぎるあなたがお金持ちになる生き方』

吉武大輔 著

定価 本体1400円 +税

「やさしすぎる人」が
お金持ちになるには
【2つの道】がある!

ガツガツしなくても
お金持ちになれる!

「繊細」だからこそお金に好かれる!

世の中のお金の本の大半は、成功した経営者や起業家が書いたものです。やさしすぎるあなたが、彼らの本を読んでも、気持ちに無理が生じたり、どうしても行動できなかったりしたでしょう。一方で、「ワクワクすることをすれば、うまくいく」という話もよく聞きます。仕事を辞めると生活基盤が崩れてしまう人にとっては、「ワクワクすることをすれば、うまくいく」という言葉は救いであると同時に、迷いの原因にもなります。本書では、お金や仕事についてモヤモヤしている「やさしすぎる人」が、お金の不安から解放され、【お金持ちになれる生き方】を提案します。